Alianza Cien
se propone acercar a todos
las mejores obras de la literatura
y el pensamiento universales
en condiciones óptimas de calidad y precio,
e incitar al lector
al conocimiento más completo de un autor,
invitándole a aprovechar
los escasos momentos
de ocio creados por las nuevas formas de vida.

Alianza Cien
es un reto y una ambiciosa iniciativa cultural.

TCF
IMPRESO EN PAPEL ECOLÓGICO
(EXENTO DE CLORO)

Carmen Martín Gaite

El balneario

Alianza Editorial

Diseño de cubierta: Ángel Uriarte

© Carmen Martín Gaite
© Alianza Editorial, S. A. Madrid, 1993, 1995
Calle J. I. Luca de Tena, 15; 28027 Madrid; teléf. 393 88 88
ISBN: 84-206-4605-9
Depósito legal: B: 25.592-95
Impreso en Novoprint, S.A.
Printed in Spain

1

Hemos llegado esta tarde, después de varias horas de autobús. Nos ha avisado el cobrador. Nos ha dicho en voz alta y, desde luego, bien inteligible: «Cuando lleguemos al puente pararemos para que puedan bajar ustedes.» Yo incliné la cabeza, fingiendo dormir. Carlos respondería lo que fuese oportuno; él se levantaría primero y bajaría las maletas, se iría preparando camino de la puerta, me abriría paso cuidadosamente a lo largo del pasillo, pendiente de sujetar el equipaje y de no molestar a los viajeros, se volvería a mirarme: «Cuidado, no tropieces. Me permite..., me permite...» Y yo sólo tendría que seguirle, como en un trineo.

Pasó un rato. Carlos, probablemente, estaba bostezando o tenía vuelta la cabeza a otro lado con indiferencia. En el temor que tenía de mirarle conocía que era así. Mejor no mirarle. Me esforcé para mantenerme en la misma postura, con la espalda bien pegada al asiento de cuero y la cabeza inclinada, enfocándome las yemas de los dedos, que sobaban, sobre mi regazo, una llavecita de maletín. Me esforcé por no ponerme nerviosa, por no gritar que nos íbamos a pasar de aquel puente, por no tirarle a Carlos de la manga tres o cuatro veces, aceleradamente, para que se fuera preparando. Resistía por testarudez; él tenía el deber de levantarse primero. Deslicé uno de mis pulgares hasta encontrarme el pulso en la muñeca opuesta. Batía —pumba, pumba— igual que un pez oprimido; y yo sabía que sólo con gritar, con ponerme en pie bruscamente, los latidos se hubieran desbandado, apaciguándose luego en ondas concéntricas. Era un enorme esfuerzo el que tenía que hacer, casi físico, como para empujar una puerta y resistir la fuerza que hacen del otro lado. Para alentarme a seguir en la misma postura, me decía: «Ya pasará algo, ya me sacarán de aquí. Me da igual cualquier cosa. Estoy sorda, emparedada entre cuatro muros de cemento.»

El cobrador se paró delante de nosotros. Vi su sombra cegándome los reflejos, que se deslizaban como gotas de mis pestañas inclinadas a la llave del maletín; vi muy cerca sus grandes zapatos de lona azul y el pantalón de dril rayado, que le hacía bolsas en las rodillas, y me sentí sobrecogida, como cuando hay que comparecer delante de un tribunal.

—Pero, ¿no son ustedes dos los que iban al balneario? —dijo, recalcando mucho las palabras.

Y me pareció que hablaba demasiado alto. Le habrían oído los de los asientos de atrás; estarían adelantando la cabeza intrigados para vernos la cara a nosotros y enterarse de lo que íbamos a contestar. No se podía esperar más tiempo. Levanté la cabeza y me parecía que salía a la superficie después de contener la respiración mucho rato debajo del agua. Se me había dormido una pierna y me dolían los codos. Antes de nada miré a Carlos, para orientarme, como cuando se despierta uno y mira el reloj.

Yacía en el asiento de al lado, en una postura tan inverosímil que no se sabía dónde tenía las manos y dónde los pies. Apoyaba un poquito la frente en la ventanilla y miraba fijamente a través del cristal con una insultante tranquilidad, como si no hubiera oído jamás nada a su alrededor. Me sentí muy indignada contra él y también contra mí misma, llena de rabia por haber resistido tan poco tiempo, y que ese poco me hubiera parecido una eternidad.

«Tengo que hablar con Carlos hoy mismo, luego —me dije, en medio de mi malestar—. Esto no puede seguir así. De hoy no pasa. Quiero poder hacer y decidir lo que me dé la gana sin tener que mirarle a la cara, sin esta dependencia y este miedo. Disponer de una cierta libertad.» Y sentía gran prisa y angustia por hablarle, aunque ya sabía que no iba a poder. Imaginaba una y otra vez largos discursos, y se me embarullaban al acordarme de que él me estaría mirando cuando los hilvanase, de que pronunciaría: «Dime», y se quedaría esperando mis palabras con desconcertante indiferencia, como si supiera de antemano que nada de lo que fuera a oír podía inmutarle ni sorprenderle. De todas maneras, en cuanto bajásemos del autobús le hablaría. O tal vez sería mejor esperar a llegar al hotel. Yo estaría apoyada contra el respaldo de una butaca: «Verás, Carlos, yo no aguanto más. Llevamos demasiado tiempo así...» Pero así..., ¿cómo? ¿Qué quiere decir así? Y luego, ¿es tanto tiempo realmente? A este hombre absorbente que me condiciona, que limita y atrofia mis palabras, que va a mi lado en el autobús, ¿hace tanto tiempo que lo conozco, que me lo encuentro al lado al volver la cabeza? Lo primero que no sé es el tiempo que va durando este viaje.

Pasábamos por una pradera con árboles regularmente colocados, que dejaban su sombra redonda clavada en el suelo, como un pozo. Le daba el sol; había un hombre tendido, comiendo una manzana; había dos niños parados, cogidos de la mano; había un espantapájaros con la chaqueta llena de remiendos. La hierba se ondulaba y crecía, como una marea, persiguiendo el autobús. Detrás de él, detrás de él, detrás de él...

—Pero, vamos a ver, ¿van ustedes al balneario sí o no? —interpeló el cobrador, fuera de sí.

Dios mío, sí, el balneario... Yo ya había vuelto a cerrar los ojos. No podía ser. Había que bajarse. Nos estaban mirando todos los viajeros. Tal vez habíamos pasado ya el puente..., aquel puente. Sacudir a Carlos, las maletas... Pero antes de cualquier otra cosa, era necesario dar una explicación al hombre de las rodillas abolladas, que no se movía de allí. De su cartera de cuero sobada y entreabierta subí los ojos a su rostro por primera vez.

Tenía un gesto de pasmo en el rostro blando y lleno de repliegues, por el que le corrían gotas de sudor. Me acordé de que tendría mujer, y seguramente hijos, y pensé en ellos como si los conociera. Le llamarían de tú, le acariciarían las orejas, le esperarían para cenar. Tenían este padre grandote y fatigado, digno de todo amor, al que nosotros estábamos impacientando, despreciando con nuestro silencio. Me puse en pie. Decidí hablar y me parecía que me subía a una tribuna para que todos los viajeros pudieran oírme. Descubrí algunos gestos de profunda censura, otros ojos abiertos bobamente hacia mí, igual que ventanas vacías. Sentía como si un reflector muy potente iluminara mi rostro, quedándose en penumbra los demás.

«Dentro de diez minutos —pensaba— se borrará esta escena. Dentro de un puñado de años nos habremos muerto todos los que vamos en este autobús.» Y me consolaba aceleradamente con esta idea.

—Perdone usted, cobrador —pronuncié alto, claro y despacio, con cierto énfasis—. Acepte mis sinceras excusas. Mi marido, ¿sabe usted?, viene algo enfermo.

Me costaba trabajo mantener tiesas las palabras; hablaba como nadando por un agua estancada. Pero, al fin, quedaba clara una cosa; Carlos era mi marido; una cosa, por lo menos, quedaba clara. Mi marido. Lo habían oído todos, yo la primera.

—¿Quién está enfermo? ¿Qué dices, mujer, por Dios? No empieces con historias —se enfadó Carlos, levantándose, por fin, y empujándome con rapidez hacia afuera del pasillo.

Luego se dirigió al cobrador, que no se había movido y nos seguía contemplando extrañadísimo, con su rostro llorón, de almeja cruda, fijo en los nuestros.

—Y usted, ¿se puede saber lo que hace ahí parado como una estatua? ¿Y qué clase de modales son los suyos? Porque yo, francamente, no puedo entenderlo. Sé muy bien que hay que llegar a un puente, que cuando se pare el autobús nos tendremos que bajar. Lo sé muy bien, voy pendiente, no es una cosa tan complicada. Me he levantado, como usted ve, sólo en el momento oportuno. No me explico su insistencia ni por qué nos mira así.

Mientras hablaba, cada vez más excitado, había salido bruscamente al pasillo y sacaba los bultos de la red.

—Vamos, sal —me decía, tirando de mí hacia afuera, sin darme tiempo a recoger los paquetes.

Pero yo no me quería marchar todavía, aunque el autobús iba ya muy despacio y estaba a punto de pararse. Me quería quedar atrás, a escondidillas, y hablar con el cobrador, antes de perderle de vista para siempre. En sus labios se había marcado un gesto de rencor y amargura, y quizás estaba murmurando alguna cosa entre dientes. No se le podía dejar ir así; le habíamos echado de nosotros como quien aparta un trasto y su tristeza era justa. Tenía que pedirle perdón por el comportamiento de Carlos; hacerle ver que sólo se trataba de una irritación pasajera; darle la mano como a un amigo al que nunca se va a volver a ver; manifestarle nuestra gratitud. Pero no sabía por dónde empezar. No me iba a dar tiempo. Carlos ya estaba saliendo. Me había dicho: «Hala, hala», y de un momento a otro volvería la cabeza para llamarme. Vi con desesperación que el hombre daba la vuelta y echaba a caminar de espaldas, con paso lento y pesado, hacia la cabina del conductor. Entonces le llamé atropelladamente, en voz baja, para que Carlos no lo oyese:

—Chisst, chisst. Cobrador, señor cobrador...

Pero no pude ver si volvía la cara, porque se me interpuso una señora menudita, de pelo blanco y pendientes de perlas, que salía de su asiento en aquel instante. Traté de correrme un poco a la izquierda para verlo y ser vista todavía.

—¿Baja usted o se queda, por favor? —me preguntó la señora, a quien yo cerraba el paso.

—Sí, ahora bajo; espere —contesté con azaro, apartando el maletín—. Pase usted, si quiere...

La señora, sin dejar de mirarme, se dispuso a pasar, y en el momento de tener su cuerpo casi abrazado contra el mío, porque el pasillo era muy estrecho, me dirigió una sonrisa. Olía muy bien, a colonia fina.

—Gracias. Según parece, también ustedes van al balneario. ¿Quiere que la ayude?

—No, no; muchas gracias. Puedo bien sola.

—Yo no llevo equipaje. Me lo han traído mis sobrinos en el tren. A ellos nunca les pesa nada. Ya se sabe, la gente joven... ¿Es el primer año que vienen ustedes?

—Creo que sí, señora.

El coche se había parado. Carlos se volvió desde la puerta y me gritó de mal humor:

—Pero venga. ¿Qué haces ahí todavía? ¿Por qué dejas pasar a la gente delante de ti?

Por fin pude mirar al cobrador, y vi que había llegado a la cabina del chófer. Se había sentado junto a él y le contaba algo con excitación. Allí no me daba tiempo a ir. El coche estaría parado muy pocos minutos, los imprescindibles para que nosotros bajáramos. Dentro de la cabina, el rostro del cobrador se había vuelto rojo y se plagaba de muecas cambiantes. Seguramente hablaba de nosotros, porque volvió la cabeza una vez y me miró. En ese momento quise decirle algo todavía, cualquier cosa que pudiera entenderse por medio de una seña, y levanté la mano atolondradamente, con la esperanza de que aún me comprendiese. La mano se me quedó en el aire en un garabato inútil y torpe, y los ojos del cobrador resbalaron apenas por ella, distantes y enconados, y se volvieron bruscamente a otra parte. Sin duda había interpretado mi gesto como una amenaza, como algo hostil o despectivo. Sentí un gran desaliento.

Desde fuera estaban dando golpes en la ventanilla. Volví la cabeza y vi a Carlos en pie, junto al autobús, agitando los brazos y diciendo palabras que no se oían. También los viajeros me miraban y protestaban secretamente entre sí.

Me di prisa a bajar, toda cohibida, atenta a sujetar bien los bultos y a hacer el menor ruido posible, como quien se repliega sigilosamente en retirada, y, apenas salté a la carretera, el autobús reemprendió su marcha y se perdió.

Estábamos en un paisaje completamente aparte. El aire era muy transparente y todo estaba en silencio. Durante unos instantes permanecí quieta, absolutamente desligada de todo, como si acabase de nacer. Sentí el ruido del autobús, que se alejaba, y respiré una nube de polvo y gasolina. Todo se me había olvidado de golpe, y sólo me quedaban el malestar y el aturdimiento. De un modo vago sentía tener pendiente algún asunto; pero no podía localizar cuál era, ni siquiera decir si era solamente uno o eran varios. Me parecía tener corrida una gruesa cortina por detrás de los ojos, y me extrañaba que, a pesar de todo, siguieran entrándome imágenes nuevas aceleradamente. Trataba de oponerles una cierta resistencia por la preocupación que tenía de que no iba a poderles dar albergue, y, sin embargo, mientras pensaba confusamente en todas estas cosas, no dejaba de mirar alrededor.

Estábamos en el puente. Aquél era el puente. Vi que Carlos se acercaba a una de las barandillas y, después de un momento, le seguí. Las barandillas eran de piedra y daban sobre un río sucio y hundido, opaco, sin reflejos, con un agua lisa y quieta de aceituna, prisionera entre altas márgenes de piedra musgosa. Carlos había dejado la maleta en el suelo y se apoyaba contra el puente. Yo me apoyé también. Estuvimos un rato mirando todo aquello sin decir nada. Luego me acordé, de pronto, de la señora del pelo blanco y vi que no estaba con nosotros ni se la veía por todo el puente.

—Carlos, ¿y la señora?

—¿Qué señora?

—La que bajó con nosotros.

—¡A mí qué me importa!

—Pero, hombre, ¿cómo te la has dejado ir así? Estaba hablando conmigo y preguntándome algunas cosas. Tenía ganas, me parece, de conocernos.

—Alguna oficiosa sería.

—Por Dios, yo la quería ver. ¿Cómo has dejado que se fuera? Teníamos que haber sido amables con esa señora.

Y la buscaba con la vista por todas partes empeñadamente.

Carlos, como si no me oyera, siguió mirando al

río. No muy lejos del puente había una presa, y, junto a ella, tres paredes de un viejo molino derruido, con sus ventanas desgarradas, sin mirar, como las cuencas de una calavera. Tres paredes de cantos mal pegados, sin techo, muertas de pie encima del agua, tapizadas de hierba y flores que se mecían levemente en las junturas. Carlos apoyaba los codos en la barandilla del puente y la barbilla en las palmas de las manos. Estaba embebido mirando el molino. Dijo:

—Ese molino está incendiado en una guerra. Es muy viejo, sin duda. En una antigua guerra.

Me aburría de mirarlo y corrí la vista por las dos márgenes del río. En la de la izquierda se escalonaban unos montes verdes y tupidos que cerraban el cielo hasta muy arriba. En seguida se sentían deseos de subir hasta la raya curvada que formaba el último, porque nacía como un afán, una esperanza por ver si se descubría horizonte del otro lado. Eran de un verde intenso, monótono, adormecedor.

En la margen derecha se levantaban unos edificios blancos, apoyándose de espaldas contra otra ristra de montañas iguales a las de la orilla de enfrente. No se veían bien los edificios porque los tapaban unos árboles que había delante. Aquello debía ser el balneario. Bien ahogado entre montes; no había salida.

«Si nos pasara algo aquí, tan lejos...», se me ocurrió pensar. Y aquel silencio me sobrecogía, me invadía una especie de desconcierto y recelo. Los edificios estaban absolutamente solos entre las dos paredes de montañas; no había vestigios de pueblo por allí. Solamente descubrí, a nuestras espaldas, en la continuación de la carretera, una iglesia de piedra rodeada de un pequeño corral. No se oía un grito ni se veía a una persona. ¡Qué extraño me parecía todo el paisaje, como visto a través de humo! Tenía muchas ganas de llegar al hotel, de que ya se hubiera pasado un día, para convencerme de que era verdad que íbamos a vivir en este sitio. No sabía por qué habíamos venido y sentía curiosidad y desconfianza. De pronto tuve miedo de que Carlos se esfumase, como la señora del autobús, y me dejara sola. Me arrimé a él y le cogí del brazo. Sería terrible quedarse sola en este puente y que llegara la noche.

Carlos no se movió ni volvió la cabeza. Permanecía con los ojos fijos en el río, frente a este melancólico paisaje, y parecía tener la seguridad de quien ha llegado a donde se propuso.

—En una antigua guerra —repitió—. Éste es el molino, el viejo molino.

No apartaba los ojos, como hechizado, de aquellas tres paredes derruidas. En el silencio se oía el ruido que hacía el agua al salir a través de la puerta abovedada, amortiguado en leves espumas que manchaban apenas la verde superficie.

Me explicó que el molino se había incendiado muchos años atrás, de noche, en una noche lúgubre de muchas matanzas, y que las llamas eran las más altas que nunca se vieron. Que, desde entonces, muchas personas se embrujaban y venían a morir a este lugar. Me contaba estas cosas con vehemencia, con una inexplicable delectación. Abría mucho los dedos de las manos y los movía delante de mis ojos para hacerme comprender cómo se extendían en la noche las llamas rojas y fantasmales que devoraron el molino.

Cuando le pareció que ya me había dado cuenta, dijo:

—Vámonos; hay que llegar pronto.

Y se inclinó a tomar la maleta que había dejado en el suelo. Echamos a andar y yo estaba cada vez más intranquila.

Al balneario se entraba por un paseo de castaños de indias, bordeado de hortensias y boj, paralelo al río, que quedaba a la izquierda.

A la derecha empezaban las edificaciones que yo había entrevisto desde el puente. Eran altas y planas, pintadas de un blanco rabioso, y todas las ventanas estaban equidistantes, entreabiertas en la misma medida, con una cortinilla de lienzo en el interior a medio correr. Estas cortinillas no se movían un ápice, ni las contraventanas. Parecían ventanas pintadas o que no hubiera aire. Eran los edificios varios hoteles, cada uno con su título en el tejado.

A lo largo de la pared de los hoteles, y también a los lados del paseo por donde íbamos andando, había distribuidos muchos sillones de mimbre con gente sentada. Los rostros de estas personas me parecían vistos mil veces y, sin embargo, uno por uno no los reconocía. Me parecían sacados de una fotografía familiar rígida y amarillenta, de esas de grupo, donde aparece una tía abuela con amigas suyas, y, un poco retirado en la esquina, un señor de bastón y sombrero que nadie llega a saber quién es, porque se han muerto las personas que podrían decirlo. Así, aquellos rostros, individualmente desconocidos, me entraban en conjunto, y los sentía en algún modo afines, formando parte de algo mío que quedaba atrás, de escenas que tenían que ver conmigo, íntimamente unido a una vida que ya no recordaba. Quizás alguien de mi familia había vivido en este sitio. Tal vez yo misma, en la infancia.

Carlos y yo íbamos cogidos de la mano no sé desde cuándo. Todos los ojos se levantaban para mirarnos pasar. Ojos juntos, escrutadores, inexorables, que se pegaban a nuestras ropas, que se lanzaban entre sí contraseñas de reproche y protesta, que nos seguían a la espalda, paseo adelante, en desazonadora procesión. Los sillones de mimbre en que se sentaban aquellas personas estaban igualmente repartidos —unos buscaban el sol, otros la sombra—, pero por algunas zonas se acercaban y formaban un grupo espeso en tira, en semicírculo o en corro alrededor de un velador. Sobre estos veladores había alguna tacita de café, y un señor o una señora revolvían lentísimamente el azúcar con una cucharilla, como si les diera una horrible pereza acabar aquella tarea y tener que pensar en otra hasta la hora de dormir.

Cuando nosotros pasamos, las cucharillas que revolvían azúcar se paralizaron completamente, y las manos se quedaban suspensas en el aire tocando apenas el mango con dos dedos, como manos de cera. Abundaban las señoras, todas muy gordas a primera vista, aunque luego, fijándose bien, no lo eran tanto. Iban vestidas de seda, de morado o de gris, y llevaban pulseras con muchos colgantes. Hacían labor de punto, y estos colgantes de oro tintineaban y se les enredaban en la lana. Los maridos estaban algo apartados, bostezaban casi todos o estaban dormidos encima del periódico. Había más señoras que maridos. El sol se filtraba a rayas y se posaba plácidamente sobre los macizos de hortensias, sobre las cabezas y las manos.

Yo le iba dando patadas a una piedrecita que traía desde el puente enredada en los pies. Me gustaba ir andando por aquella avenida, y, aunque caminaba emocionada y como en guardia, el calor de la mano de Carlos contribuía a que se diluyesen mis vagas preocupaciones. Mi mano es pequeña y muy plegable; se escondía debajo de la suya como dentro de un envoltorio. Carlos es guapo y atractivo, mucho más alto que yo; también mucho más guapo. Era un placer muy grande caminar a su lado por aquella avenida, desafiando a todos. Nadie iba a preguntarnos por qué veníamos cogidos de la mano. Nadie iba a pedirnos explicaciones. Seguramente Carlos podría detenerse y besarme en mitad de la avenida, con un beso terriblemente largo, y ninguno se mezclaría. «Será que le pertenece —pensarían—, será que tiene derechos sobre ella.» Y se quedarían inmóviles, como cuando sale una escena de amor en el cine, que no quiere uno casi ni respirar. Y mucho menos aquellas personas podrían suponer, a pesar de sus ojos tan abiertos, que yo fuera caminando turbada e insegura, con el miedo de que advirtiesen ellos en nosotros algo anormal.

Así llegamos al final de aquella fila de hoteles. El último de ellos hacía esquina en ángulo recto con otra fachada más baja que cerraba el paso de la avenida. Sobre esta fachada se veía un letrero donde decía: «Entrada al manantial», y a mí me atrajo mucho aquel letrero escrito en letras negras y muy gordas. Estaba colocado encima de un pequeño porche cubierto, al fondo del cual se vislumbraba la puerta que debía conducir al manantial. Estaba abierta, y a través de ella me pareció ver una blanca galería. A los lados de esta puerta había dos tiendecitas, y en sus escaparates se amontonaban cosas confusas que brillaban apagadamente. Todo esto, como estaba en el fondo del porche, no se veía muy bien y parecía un decorado. Yo me quise acercar para distinguirlo mejor, pero Carlos me retuvo y se paró:

—¿Dónde vas? ¿No ves que los hoteles terminan aquí?

—Pero yo quiero ver lo que venden en aquellas tiendas.

—Ya lo verás. Ahora tenemos que buscar albergue. Espérame aquí con el equipaje. Voy a mirar en este hotel.

Me colgó en el hombro varios estuches, como de máquinas fotográficas, y una o dos gabardinas.

—Carlos... —le dije.

—¿Qué?

—Pregunta precios..., no podemos gastar mucho.

En el mismo momento de hacer esta advertencia me estaba arrepintiendo.

—Yo sé lo que podemos gastar. Yo sé lo que me hago.

Se metió en el hotel. Me quedé sola, de pie. Hacía una tarde rara, de nubes que se corren y se descorren, jugando. El sol me daba en los ojos y los cerré. También me bajaba por el cuello. Estuve un rato con los ojos cerrados, oyendo confusos zumbidos. Luego se nubló el sol y me entró por todo el cuerpo frío y desasosiego.

Simultáneamente, oí decir a mis espaldas:

—Deben ser extranjeros. Traerán costumbres nuevas. No sé por qué los tienen que admitir. Aquí siempre ha venido gente conocida.

¿Hablarían de nosotros? Volví la cabeza y vi detrás de mí a dos personas que me estaban mirando de un modo terriblemente fijo. Una de ellas era la señora del pelo blanco que me había hablado en el autobús. La reconocí con alegría y la fui a saludar; me parecía una gran suerte que Carlos no entorpeciese este encuentro con su presencia. Sin embargo, sólo durante una fracción de segundo coincidieron nuestros ojos, porque inmediatamente ella desvió los suyos a otra parte, como si no me conociera. Luego se acercó mucho a su compañera —iba con otra señora muy parecida a ella— y le dijo al oído algunas palabras. Mientras le hablaba, la otra me miraba con descaro y hacía gestos con la cabeza para arriba y para abajo, como condoliéndose de alguna cosa terrible.

Salió un hombre y me dijo:

—Señora, su marido la espera en el ascensor.

—¿A mí? ¿En el ascensor? Y con las maletas, ¿qué hago?

—Déjelas a mi cuidado. Yo se las subiré.

—¿Está usted seguro de que se trata de mi marido?

Me gustaba mucho decir en voz alta «mi marido», y oír que los demás me lo decían. Tenía miedo de que no resonaran bastante las palabras y que no se oyesen alrededor, miedo de estarlas inventando yo misma.

—Sí, señora. Son ustedes los nuevos.

Los nuevos. Le seguí. Lo decía con sorna. Y también, cuando entré en el vestíbulo, me pareció que había sorna en los ojos del conserje, que estaba a la izquierda, detrás de un mostrador. Solamente me fijé en los ojos de aquel conserje y en el suelo del vestíbulo, que era de mármol blanco. La distancia hasta el ascensor se me hizo desmesuradamente larga. Estaba muy turbada.

El ascensor tardó mucho en subir. Íbamos Carlos y yo con un botones que se apoyaba contra las puertas, sin moverse absolutamente nada. Delante de aquel chico no me atrevía a hablar, pero tenía que contarle a Carlos lo de las señoras. Quería llegar pronto. Estaba muy nerviosa. Carlos jugueteaba con una llave grande que tenía enganchada por la cabeza una chapa redonda y dorada donde se leía: «92». Primero cogía la chapa entre los dedos y balanceaba la llave para adelante y para atrás; luego cogía la llave por los pies, balanceaba la chapa y el 92 se agrandaba. Era un 92 alarmante, desmesurado.

Por fin el ascensor se paró y el botones corrió las puertas y salió antes que nosotros, medio patinando sobre un suelo de madera muy encerado. Hacía, mientras nos sujetaba las puertas, una especie de reverencia burlesca.

—Sigan todo recto, tuerzan a la izquierda, tercera habitación —dijo con un tonillo pedante, de cicerone.

Apenas llegamos a la habitación 92, cogí la llave

y cerré la puerta por dentro. Me apoyé allí mismo, sin avanzar.

Carlos, que había entrado antes que yo y estaba inspeccionando el cuarto, se volvió y me miró con sorpresa. Tenía que contárselo todo de un tirón para que no me siguiera mirando. Noté que iba a salirme la voz entrecortada:

—Carlos, aquí nos conocen. Te lo aseguro. Sospechan de nosotros.

—¿Que sospechan? ¿Qué dices? Explícate.

—Nos mira toda la gente. La señora del autobús ha fingido no reconocerme y no me ha querido saludar. Dicen que somos extranjeros —expliqué todo seguido.

Y luego me paré porque no me acordaba de más cosas.

Carlos no respondió al principio. Estaba liando un pitillo. Luego levantó los ojos y me miró, como esperando a que siguiera.

—Bueno, ¿y qué?

—Nosotros no somos extranjeros, ¿verdad?, ¿verdad que no? La señora ha dicho que sí. Por favor, déjame ver los pasaportes.

Teníamos que tener pasaportes, esos cuadernitos verdes, pequeños y alargados que todo el mundo tiene. En ellos se han superpuesto muchas firmas y advertencias importantes, que nos marcan y acompañan siempre, como las notas del colegio, cuando niños. Aquellos papeles eran nuestra salvaguardia, seguramente allí se aclaraban muchas cosas; tendría que poner nuestro nombre y apellidos, diría si yo estaba casada o no con Carlos, y a lo mejor hablaba de nuestra conducta. Me pareció una maravillosa seguridad tener en la mano los dos cuadernitos verdes, tenerlos guardados, poder sacarlos de cuando en cuando y repasarlos, como un tesoro.

—¿Los pasaportes? Los he dejado en la conserjería.

—Dios mío. ¡Cómo has hecho eso! Debe poner algo malo de nosotros. Nunca los debíamos soltar.

Carlos se sonreía levemente, echando perezosas bocanadas de humo.

—Carlos, por favor, habrá que recuperar esos papeles, tenerlos nosotros.

Me angustiaba pensar que no entendía, o que a mí no me sonaba claramente la voz.

—Carlos —repetí—. Te digo que aquí hemos caído mal, que nos va a costar trabajo tener amigos. ¿Te das cuenta de lo que te estoy diciendo?

—¿Amigos? ¿Quién pretende tenerlos? —se extrañó.

Ahora llamaban a la puerta. Me acerqué, e iba a abrir despacito, para que no se dieran cuenta desde fuera de que teníamos echado el cerrojo, pero Carlos se me adelantó y lo descorrió con mucho ruido.

—¿Se puede? El equipaje.

—Adelante, pasen ustedes.

Entraron el maletero y el botones, y dispusieron las cosas por la habitación, haciéndonos muchas consultas. Carlos se volvió de espaldas y se puso a mirar por la ventana.

Los hombres trabajaban con enorme parsimonia. Me pareció que el equipaje era mucho más grande que el que nosotros traíamos en el autobús; había una infinidad de paquetes de todas las formas y tamaños. A lo mejor se habían confundido con otro equipaje, pero yo no dije nada, porque no estaba segura, y además, sólo quería que terminaran de una vez. Todo me lo preguntaban a mí: «Señora, que dónde ponemos esto... y esto... y esto...»

En realidad era indiferente que dejaran aquellas cosas en un sitio o en otro, pero, desde el momento en que me lo consultaban, yo me sentía obligada a escoger para cada una de ellas un lugar determinado, descartando todos los otros, que tal vez valdrían igual. Al mismo tiempo, trataba de que esta selección fuera definitiva, es decir, que las cosas quedaran colocadas en los sitios que les iban a corresponder. Para esto tenía que acertar lo que venía en los paquetes, porque no lo sabía, y, aunque algunos bastaba con palparlos por fuera, otros tenía que abrirlos.

Al final me hartaba todo aquello y cada vez tenía mayor prisa por acabar. Lo que me irritaba más era la meticulosidad y consideración con que aquellos dos hombres obedecían mis órdenes, casi todas dadas al azar, y la reverencia con que esperaban a que las pronunciase, torciendo un poquito la cabeza a la izquierda y mirándome sin pestañear, mientras mantenían el objeto en la mano. Aquella actitud suya me obligaba a enredarme más y más en mis decisiones, y cada vez tardaba más tiempo en pronunciarlas, entorpecida por un fuerte sentimiento de responsabilidad.

—¿Este maletín?

—Encima de otra silla, ¿no les parece?

Ellos se miraban impersonales.

—Como la señora diga.

—Pues sí, en una silla.

—No hay más sillas, señora.

—Pues que la traigan de otra habitación.

Carlos se volvió y nos miró con asombro.

—Pero, ¿todavía no han terminado ustedes? Vamos, vamos, dejen todo ahí, encima de la cama. Así. ¿Hay más cosas?

—No, señor.

—Y este maletín también, encima de la cama.

—Ha dicho la señora que lo pongamos en una silla.

—Pero, ¡qué más dará! ¡Qué ganas de complicar la vida!

Antes de que se fueran les preguntó Carlos:

—¿Por dónde se puede ir al molino viejo?

—¿A qué molino?

—Al que se ve desde el puente, con el techo derrumbado.

—Nadie va nunca, señor. Por las tardes, cuando viene el agua menguada y se seca la presa, se puede pasar hasta allí desde el jardín de atrás, por el fondo. Pero nadie va nunca.

—¿Hay un jardín?

—Sí, señor. En la parte de atrás del balneario. Un parque con una terraza que da sobre el río. Es muy hermoso aquello. ¿Quiere que le digamos por dónde se va?

—No, gracias; ya acertaré yo solo.

Les dio una propina y se marcharon.

Carlos entró en el cuarto de baño, que estaba al lado de la habitación, y dejó la puerta abierta. Abrió los grifos. Dijo:

—Dame el jabón y un peine, por favor.

Abrí el maletín y busqué las cosas que me pedía. Se las di. Luego me quedé de pie en el quicio de la puerta. Vi que se lavaba las manos despacio, haciendo mucha espuma, y que después se peinaba escrupulosamente. En todo lo que hacía no había nada de anormal, nada que pudiera darme motivo de enfado. Aun en contra de mi voluntad, tenía que esperar a que él rompiera por algún lado, a que me diera pie para seguir hablando, para reanudar la excitación interrumpida. Terminó de peinarse y salió otra vez a la habitación.

—Hasta luego —dijo, mientras se dirigía a la salida.

Le seguí excitadísima, sin comprender.

—Pero, Carlos, ¿adónde vas?

—A dar una vuelta. ¿Por qué me miras así? —repuso tranquilamente.

Yo estaba realmente acongojada, y lo malo era que no sabía cómo justificarlo. Se me ocurrió decir:

—Por favor, no te vayas ahora. No me dejes sola con todo este equipaje revuelto. Ayúdame.

—¡Qué enorme equipaje! —dijo, fijándose—. Para hacerlo, para deshacerlo, para traerlo a cuestas. ¿Por qué no tendrá uno un traje solamente y no lo llevará puesto hasta que se le rompa? Colgar, descolgar, planchar..., ¡qué serie de tareas tan complicada!

Se había detenido cerca de la puerta y miraba los bultos con fastidio. A mí todo aquello se me salía del tema y no sabía por dónde replicar. Hice un esfuerzo por acordarme de lo que le estaba diciendo antes de que vinieran los dos hombres, y, por fin, lo encontré: «Que no podremos tener amigos, que han dicho que somos extranjeros»; y me quedé colgada de estas dos ideas, aunque no sabía cómo relacionarlas con lo anterior. Colgada, balanceándome, como una araña de su tenue hilo. Le tendería este hilo a Carlos, a ver si él me ayudaba a tejerlo; pero si me lo rompía, yo ya no sabía por dónde seguir.

—Aquí no podremos tener amigos. Han dicho que somos extranjeros —repetí, con tesón, con esperanza—. ¿Entiendes?

—Bueno, ¿y qué? ¿Qué más da? ¿Qué diferencia

hay entre ser de un sitio y ser de otro? Te ruego que me expliques la diferencia que hay.

Se había cruzado de brazos, esperando mi respuesta.

—No sé, no te lo puedo decir —dije apagadamente, como trastornada—. Lo mismo da. Vete si quieres a dar tu paseo.

Carlos se dirigió a la puerta y la abrió. Dijo:

—Hasta luego, entonces.

Después cerró la puerta detrás de él.

Me quedé sola en mitad del cuarto y lo miré con detenimiento por primera vez. Tenía, a la derecha de la ventana, una cama, y a la izquierda, un armario de luna. También había un perchero, una mesita y dos sillas. El cuarto era bastante amplio, estaba todo muy limpio y olía ligeramente a desinfectante.

Me hubiera gustado que se oyesen ruidos en las habitaciones contiguas, pero no se oía nada absolutamente, todavía menos de lo que se oye en un silencio normal. Me parecía que alguien me estaba espiando. Me paseé en todas direcciones y me sosegaba, oyendo crujir, debajo de mis pies, el piso de madera. Luego me senté y me di cuenta de lo extraña que me sentía en aquella habitación.

Tal vez sacando algunas cosas de la maleta y deshaciendo los paquetes, viéndome rodeada de objetos y prendas usuales, me sentiría ligada a un mundo más familiar y la habitación misma se teñiría de sentido para mí. Por ejemplo, eché de menos, encima de la mesilla, un reloj despertador, y también algún portarretratos, o una de esas bandejitas que sirven para dejar los pendientes, los automáticos desprendidos y alguna aspirina. Estas cosas tenían que venir en un equipaje tan complicado. Abrí la maleta y me puse a buscarlas con ahínco. Tenía mucha prisa por verlas colocadas.

En aquella maleta todo eran ropas y ropas. Unas ropas antiguas y oscuras, como levitas o uniformes. Había entre medias algún traje de mujer con la falda tiesa y abundante, y también muchos lazos, sombreros y pecheras, mezclados unos con otros, arrugados y de tonos indecisos. Estas ropas me dejaban en los dedos un tacto áspero y polvoriento y nunca terminaban de salir, como si la maleta no tuviera fondo. Las iba dejando en el suelo, a mi espalda, tiradas de cualquier manera, con la urgente curiosidad de ver si encontraba otra cosa; pero sólo salían ropas y más ropas, y el cuarto estaba más revuelto cada vez. Las ropas se amontonaban detrás de mí como una muralla, y empezaron a llenar la habitación.

Hubo un momento en que se hizo necesario seleccionar aquello de alguna manera, separándolo en montones diferentes, para que no ocupara tanto sitio. Me quedé un rato de rodillas delante de la maleta abierta, contemplando perpleja aquella masa heterogénea de prendas. El polvillo que desprendían se había posado en el suelo y lo ensuciaba; también se esparcía por el aire y se respiraba un olor acre y desagradable, de desván. Me puse a pensar con mucho desaliento por dónde empezaría. Quizá lo mejor fuera seleccionar por colores, lo azul con lo azul, lo verde con lo verde. Pero en el armario no iba a caber todo.

Me levanté y me acerqué al armario para ver cómo era de grande. La mitad tenía con perchas y la otra mitad de estantes, forrados de periódico viejo y amarillento. Había en la parte de abajo un cajón que también estaba forrado de periódico y sobre él aparecía un gran imperdible solitario y oxidado, con la barriga abierta. Me dio mucha grima; parecía un bicho sucio, un insecto. Lo saqué, agarrándolo con los dedos, y lo tiré al suelo. También arranqué los periódicos. Lo forraría todo de nuevo, los estantes y el cajón; recortaría unos papeles blancos, limpísimos, nuevos. Esta labor me atraía y no se me hacía ingrata; era una alegre evasión de lo demás.

Me arrodillé otra vez para buscar unas tijeras. La maleta seguía completamente llena, a pesar de todo lo que había sacado. Rebusqué un poco por la izquierda, debajo de las primeras capas de ropa, pero me seguía topando únicamente con cosas blandas. Al principio buscaba con cierto cuidado y delicadeza, como quien pretende sorprender la madriguera de un animal escondido; pero luego a barullo, sin miramiento alguno, revolviéndolo y arrugándolo todo, y mezclaba bufandas, cuellos, tiras, faldones, y lo de abajo se venía arriba. Me olvidé de lo que buscaba y de todo proyecto de orden, porque aquello me producía un inmenso placer. Empecé a sacar ropas vertiginosamente, y las echaba sin mirar por el aire, detrás de mi cabeza y caían en una lluvia copiosa a formar parte del montón extendido que se había ido dibujando a los pies de la cama.

Luego me levanté a mirarlo. Me senté en él, y hundí allí las manos con deleite, amasándolo como una espuma. Pasó bastante rato y me sosegué.

Sentada encima de la ropa con los brazos cruzados detrás de la nuca y la cabeza apoyada en la pared, había encontrado una postura cómoda. Casi me daba sueño. Carlos, ¿dónde habría ido? Seguramente a buscar el jardín para ver el molino de cerca, tal vez para explorarlo. Hacia el molino, el paisaje se oscurecía como si fuera de noche por allí. El molino se me volvía grande y misterioso, poblado por arañas, salamandras y espíritus. Me daba escalofrío pensar en aquella confusa historia de las matanzas. Tal vez Carlos corría peligro; no debía haberle dejado ir solo. Si yo no estaba con él para guardarle las espaldas, para impedir que le pasara algo, ¿cómo se justificaba que viajase a su lado, que me angustiase por su culpa?

Me puse de pie y me asomé a la ventana. Se veía

el paseo por donde habíamos venido, con los árboles grandes que me tapaban el río y, del otro lado, los montes altos, verdes y cejijuntos. Desde la ventana, parecía que estaban en la orilla de acá, que se me venían encima y los iba a tocar con la mano, de tan estrecho como era el río. Sentía ganas de ver el mar o una llanura grande.

Miré para abajo. El paseo se había quedado desierto de sillones de mimbre y sólo algún señor se paseaba despacio, arrastrando rítmicamente los pies. Llegaba hasta el final de la avenida y daba otra vez la vuelta. A ratos se paraba solemnemente en un punto cualquiera y se quedaba inmóvil, igual que si estuviera rezando responsos. Luego arrancaba de nuevo y se notaba el esfuerzo, cada vez mayor, que le costaba despegar. Sonaban sus zapatos acompasadamente, con un leve chirrido.

Pegado a la fachada del hotel, debajo de mi ventana, debía haber algún grupo de personas, porque se oía subir un secreto bisbiseo. Saqué el busto fuera del alféizar y miré. Me quedé muy asombrada de ver la gran cantidad de señoras que se apretaban contra la pared, distribuidas en pequeños grupos; era como una fila de hormigas. Manoteaban mucho y hablaban unas con otras, cuchicheando bajísimo, como si conspiraran. A veces salía una señora nueva de debajo del porche que conducía al manantial y era llamada con una seña. Acudía presurosa a reunirse con las demás, y de esta manera se iba engrosando la concentración. Sin duda estas señoras eran las mismas que estaban sentadas tranquilamente haciendo sus labores cuando nosotros llegamos. Solamente un acontecimiento recién ocurrido podía reunirlas así a deliberar. Instantáneamente, sin que pudiera saber por qué me invadía esta plena certidumbre, identifiqué tal acontecimiento con el de nuestra llegada.

En el mismo momento de comprenderlo me retiré instintivamente hacia atrás, presa de viva agitación. Ahora, a hurtadillas, al filo de la ventana, contemplaba aquella masa con el corazón turbado y el rostro medio oculto detrás de la cortina, como quien acecha los manejos de un enemigo poderoso y calcula mentalmente los medios de que se vale para combatirlo. Comprendí que era necesario tener mucha serenidad. Mi ventana estaba muy alta y ellas no podían verme, pero, de todas maneras, me pareció lo más oportuno meterme para adentro y reflexionar a solas acerca de mi situación.

Cerré la ventana y dejó de oírse el más leve rumor. Otra vez aquel silencio de muerte. Carlos había huido dejándome sola. Tal vez ya no pensaba volver nunca. Él seguramente sabía por qué nuestra llegada al balneario había despertado tanta excitación, creándonos un ambiente enemigo; él —ahora me parecía comprenderlo con claridad— sabía muchas cosas que no quería explicarme. Sin duda le perseguían por haber cometido algún delito que yo ignoraba, y su rostro sería conocido por todo el mundo. Robo..., crimen, tal vez. Seguramente venía a este apartado lugar para morir en él.

Pero yo no le dejaría solo. Pasara lo que pasara, estaríamos los dos juntos. Huiríamos de lo que fuera; siempre se puede huir. Me temblaban las manos al acordarme otra vez del molino. Era un disparate que se hubiese ido de la habitación, que no se hubiese confiado a mí. Tenía que encontrarle, teníamos que irnos de este hotel. Pero, sobre todo, encontrarle, lo primero. Poderle decir todavía: «Estoy contigo. He adivinado lo que te pasa y, contra todos, te ayudaré. Vamos a pasar todos los peligros los dos juntos.» Llegar a tiempo a decirle esto sería una dulzura tan grande, que después ya podría ocurrir cualquier otra cosa. Podríamos morir.

No podía esperar a que volviese. Tenía que salir a buscarle ahora. Era preciso abandonar la habitación —que representaba, por otra parte, el único lugar seguro de que disponía, la única fortaleza donde atrincherarme, donde pisaba un terreno del que era dueña en cierto modo—, y aventurarme a ciegas a través de escaleras y corredores largos, desconocidos, llenos de recovecos, expuesta, como estaba, a encontrarme con personas que me mirarían con manifiesta hostilidad. Tenía que armarme de valor y cautela. Procuraría llevar los ojos bien abiertos.

Me dirigí a la puerta decididamente. Antes de abrirla me volví y eché una última mirada sobre los equipajes a medio deshacer, sobre la cama hundida por el peso de tantos paquetes, sobre el suelo y las sillas agobiados por aquel confuso revoltijo de las ropas, y el armario, con las dos hojas abiertas. Aquel desorden del cuarto contribuía a mantener mi tensión y mi inquietud, el terrible agobio de mi conciencia. El orden pendiente me incitaba a actuar, a tratar de poner remedio a todas las otras cosas que también estaban pendientes, que me remordían como si tuviera en ellas una gran parte de culpa.

Luego salí y cerré la puerta con llave.

Apenas puse el pie en el pasillo, tuve la impresión de que alguien me miraba desde alguna parte. Me volví, al azar, vivamente, y vi que una persona se metía, a toda prisa, en la habitación de al lado de la nuestra. Sólo pude distinguir un gran bulto de color malva. No llegó a cerrar la puerta del todo, sino que dejó una rendija, y me figuré que por allí pensaría acechar mi paso. Tal vez había estado mirando por el ojo de la cerradura lo que yo había hecho en la habitación, y ahora se pondría a espiarme, siguiéndome a cierta distancia. Por la espalda me había parecido una señora corpulenta, vestida con un salto de cama; pero no lo podía asegurar.

Vacilé un momento, y después eché a andar en la dirección opuesta, velozmente, casi de puntillas. El camino que abandonaba era el que, en un principio, había escogido, porque me parecía recordar que por allí se salía a la escalera; pero, después de todo, no estaba muy segura, y, además, tanto por un lado como por otro a alguna parte llegaría. Lo importante era ir sorteando obstáculos.

No tenía una idea clara acerca de mi itinerario. Vagamente había intuido que tendría que ir a dar a la galería del manantial, y que ésta, por el fondo, tendría una salida al parque del cual habían hablado, donde estaba segura de encontrar ahora a Carlos. Pensaba que a la galería del manantial se podría salir desde el interior del hotel por alguno de estos pasillos. Eran pasillos largos que nunca se cerraban, doblados a izquierda y derecha, en pedazos superpuestos, que parecían el mismo. Iba andando por ellos de un modo maquinal. Tenían por el medio una alfombra antigua y aplastada de tonos desvaídos, con un dibujo mareante de espirales. Yo iba repitiendo para mí: «Galería del manantial. Manantial», como cuando a uno le han dado un recado y tiene miedo de olvidarlo; y me parecía la única orientación segura.

Tal vez llevaba yo mucho tiempo andando, cuando oí cerca el ruido del ascensor. Se ensanchaba el pasillo, haciéndose más luminoso, y a la izquierda estaba, por fin, la escalera. Lugar conocido: me renació una cierta esperanza. Vi que por el hueco se deslizaban temblando dos cuerdas del ascensor que acababa de desaparecer camino arriba.

Me agarré al pasamanos y bajé de prisa, furtivamente, mirando por el hueco con precaución.

En el trecho que unía el segundo piso con el primero aminoré la marcha. Me asomé un poco más y
lograba distinguir los pies de unas personas que estaban abajo en el vestíbulo esperando el ascensor.
Venía un murmullo de conversaciones. Allí no me
atreví a bajar. Afuera, a los lados de la puerta, se-
guirían congregadas las señoras. No tenía el coraje
suficiente para llegar a abrirme paso entre ellas,
con todo aplomo, y torcer a la derecha hacia el
porche cubierto donde ponía: «Entrada al manantial». Esto se me antojaba una proeza. La entrada
al manantial tenía que buscarla por otro lado.

Había llegado al primer piso. Sólo me faltaba un
peldaño y me detuve allí. Contra una de las primeras puertas del pasillo, a pocos pasos de mí, estaba
apoyada una mujer de buen tamaño, vestida de
azul y tocada con una cofia muy tiesa. Tenía cogi-
da con la mano izquierda una gran escoba y se miraba las uñas de la otra mano con actitud meditati-
va. A ella me dirigiría.

—Por favor, me hace el favor —la llamé sin
acercarme, sin bajar todavía el último escalón.

La camarera levantó los ojos y se me quedó mirando en la misma postura que estaba; entornaba
un poco los ojos, como si hiciera un gran esfuerzo
por reconocerme. Yo estaba a contraluz. Vi que no
se movía y le hice un gesto con la mano. Temía que
no me hubiese entendido.

—¿Quiere venir un momento, por favor? —repetí.

La mujer se desprendió de la pared, con lo cual ya parecía que se había acercado un poco, y dijo con voz perezosa:

—Usted, ¿de qué piso es?

Me turbé. Tenía miedo a los interrogatorios.

—¿Yo? Pues no sé decirle, de uno de los de arriba.

La mujer me miró absolutamente perpleja, y salvó en pocos pasos la distancia que nos separaba.

—Pero, diga, ¿no vive en este hotel?

—Sí, aquí vivo.

—Está bien, ¿y en qué piso?

Debía haberme fijado más en todas las cosas antes de salir del cuarto y debía haber contado con que todo sería riguroso.

—Ya he dicho que no sé, que no recuerdo.

—Pero, bueno, usted sabrá el número del cuarto que ocupa. Tendrá una llave. Nunca he visto a nadie que no tenga su llave...

¡Ah, sí, la llave! La busqué en el bolso y salió enganchada con otras cosas, una caja de cerillas, una pulsera rota, una cuerda de envolver. La desenganché a pequeños tironcitos.

—Sí, sí, aquí está, tengo la llave —dije, alargándosela.

La mujer la miró, sin cogerla. A continuación me miró a mí.

—El noventa y dos. Pues su camarera es Juani, la del tercero.

Hizo una pausa, y yo esperé sin decir nada, porque me parecía que era ella quien tenía que seguir hablando. Nos mirábamos fijamente.

—Su camarera es Juani —volvió a decir—. ¿Es que no estaba en el piso cuando usted ha bajado?

—No sé, no la conozco, no he visto a nadie.

—¿La ha llamado usted al timbre?

—No, no se me ha ocurrido.

Cada vez me resultaba más inútil y embarazosa aquella situación. En aquel momento se detenía el ascensor a nuestro lado. Me entró una horrible prisa por marcharme. Bajé el peldaño que me quedaba y me puse de espaldas al hueco de la escalera. Rápidamente, resumí:

—Yo sólo quería preguntar si se puede ir al parque por algún pasadizo interior, sin tener que bajar al vestíbulo y salir afuera.

Del ascensor no había salido nadie más que el botones. Noté que la mujer le estaba mirando; se había parado a mis espaldas, como si esperara. Me volví. Parecía que quería darme un recado.

—¿Me buscabas a mí? —pregunté intranquila.

—Sí, señora. He estado arriba, en el cuarto, llamando. Ahora la he conocido al bajar y me he parado por eso.

Hablaba señalando al ascensor, cuyas puertas había dejado abiertas, como para hacer ver que tenía prisa.

—Si usted me permite, yo me tengo que ir —dijo, a su vez, la camarera—. Le voy a decir por dónde puede salir al parque.

Se colocó mirando hacia la derecha ceremoniosamente, como un guardia de tráfico, y, mientras con una mano se doblaba en ángulo el pico del delantal y sujetaba la escoba, extendía la otra señalando el camino:

—Tira usted por este pasillo todo seguido; luego tuerce a la derecha, hay tres escalones, luego a la izquierda, y luego a la derecha otra vez. ¿Sabe usted el comedor?...

¿Qué me querría el botones? No podía retener nada del complicado itinerario que me estaba proponiendo aquella mujer; sólo deseaba que acabase de una vez. La veía hacer gestos con la mano, como si marcara líneas en un papel blanco; veía sus ojos redondos que se quedaban a ratos mirando el techo, como buscando allí la palabra adecuada; oía el fatigoso mosconeo de su explicación.

—...o mejor, verá usted, mejor ir por la izquierda; se sale más derecho. Llega usted a un sitio donde están las cocinas. ¿Entiende usted?

—Sí, sí...

Imaginaba con gran desaliento que una serie de dificultades me esperaba si quería llevar a cabo tan prolija expedición. Apenas la había comenzado y ya me daban tentaciones de abandonarla, de volverme al cuarto a dormir.

Por fin, la camarera terminó su monserga y se

despidió. Yo, a pesar de no haberme enterado de casi nada, la había seguido insistentemente con los ojos durante todo el tiempo; había movido de vez en cuando la cabeza con signos afirmativos, y había mirado atentamente hacia los lugares hipotéticos que sus dedos me señalaban para animarla a ser breve. Le di las gracias y la vi alejarse con enorme alivio. Me volví al botones, impaciente:

—Dime, ¿qué querías?

El muchacho cogió carrerilla y dijo todo seguido, como si estuviera cantando una canción:

—Que de parte de su marido que a lo mejor tarda bastante, pero que usted no se preocupe. No he traído el recado en seguida porque me llamaron del sexto —hizo una pausa, como recordando—: Sí..., que usted no se preocupe aunque pase lo peor. Me parece que no se me ha olvidado nada. Me voy para abajo, si usted no manda otra cosa.

—Espera. ¿Cuándo te dijo eso mi marido?

—Antes, ya hace buen rato. Iba a escribir una cosa para usted en un papel, pero luego dijo que mejor no.

—¿Adónde iba él?

—No sé decirle. Me lo encontré fuera, en el vestíbulo. Él salía y yo entraba. No vi por qué lado se fue.

Yo estaba anonadada. Aquel mensaje terminaba de dar razón a mis confusos pensamientos.

—Está bien; muchas gracias.

—¿Me puedo ir?

—Sí, sí.

Oí el ruido del ascensor que se cerraba y que empezaba a deslizarse hacia abajo. Luego, casi enseguida, el golpe seco al llegar al vestíbulo.

Había vuelto a quedarme sola. Pero, ¿quién pensaba ya en irse a dormir? Tenía que ponerme rápidamente en camino, sin volverme a detener más que cuando fuera indispensable. Una vacilación, una insignificante pérdida de tiempo podría ser fatal. Me dejaría andar pasillo tras pasillo, hasta acertar con el parque. Acertaría. No tenía más remedio que encontrar a Carlos. Ya no me acordaba de otra cosa más que de que tenía que llegar al parque, ir allí lo más pronto posible. Todas las preocupaciones se me habían concentrado en ésa, y ninguna duda me dispensaba la atención. Por lo menos, ahora sabía que al parque podía salir por aquí, precisamente siguiendo este pasillo. Éste enlazaría con otros. Este pasillo me llevaría.

Me puse, pues, en camino.

Lo que más desazonaba de aquellos pasillos era la calma que reinaba allí. A derecha e izquierda todas las puertas estaban cerradas, con su número encima. Ni siquiera me resonaban los pasos, porque siempre pisaba por encima de alfombra. Dejando atrás el encuentro con la camarera y el botones, me hundía, corredores adelante, en un desamparo absoluto. Hacía un esfuerzo por detallar, por diferenciar los lugares que iba atravesando, y tan sólo lograba tragármelos amontonados, iguales, como a través de una bocaza sin iluminar. Dejé de hacer aquel esfuerzo. Sabía que iba andando, sombra adentro, por largos y silenciosos corredores, que mis pasos se perdían sobre una raya de alfombra. Tenía la conciencia de que alguien, en cualquier momento, me iba a pedir cuentas de lo recorrido, o que yo misma necesitaría retroceder o rectificar mi ruta, y que me iba a encontrar con la memoria vacía, sin poder responder de nada de lo andado. Quería fijarme en aquellos pasillos y no podía; estaban completamente vacíos de aliciente para excitar la atención de mis ojos.

Seguía andando; había seguido andando en lugar de irme a dormir. Pero estaba incapacitada para escoger el camino que me habría de llevar hasta el final. Yo no guiaba mis pasos, yo no me hubiera sentido culpable si se descaminaban. A pesar de lo importante que se había vuelto mi andanza; a pesar de no tener ninguna información precisa, estaba persuadida de que mis pasos los determinaba una voluntad superior; de que yo no andaba, sino que alguien andaba por mí, de que todo estaba marcado ya fatalmente, tal como se había de desarrollar. Por eso no me sentía responsable de los errores que pudiera ir cometiendo.

Me resbalaban los pasillos como sonido de salmodia, como una oscura monserga. Tal vez cada uno de ellos lo recorrería dos o quince veces. ¡Quién lo puede decir! Más que atravesar espacio, atravesaba silencio y sonidos. Y la sombra, la indeterminación, se identificaban con las zonas de silencio.

Sé que, de cuando en cuando, por detrás de las puertas cerradas que yo suponía sin verlas, a ambos lados de mis sienes, sonaba algún confuso rumor, como de alguien que, allí cerca, se deslizase o se revolviese, como de pequeños ronquidos o carraspeos, como de un envoltorio que se cae, o el chasquido de una madera dilatada por el calor. En estos momentos me parecía que alguna persona me miraba o me seguía a hurtadillas, o que me iba a cortar el paso; y se me encendía la tiniebla en un susto, el corazón se echaba violentamente a latir.

Coincidiendo con estos sobresaltos, me parecía que irrumpían en mi viaje pequeños redondeles iluminados, como hitos para marcar el tiempo, para hacerme patente que seguía andando en realidad, que no habíamos llegado todavía.

Eran, pues, éstas las únicas incidencias que jalonaban mi monótono caminar; las únicas que le hacían dar testimonio de sí mismo. Andaba como a tientas, como sin vida, agachada debajo de negros pasadizos; desde el último rumor hasta el siguiente, en que el redondel de luz se encendía y me volvía a latir el corazón. Tan bruscamente me latía cuando era grande el sobresalto, que perdía turno y se quedaba atrás como enganchado, como si hubiera dado un tropezón. Y me parecía que, durante un trecho, seguía andando yo sola sin el corazón, y que él, por sí mismo, tenía que correr a alcanzar de nuevo su puesto, como si tomara el tren en marcha.

Era como viajar por el vientre de una ballena. Algunas veces, de mucho más lejos, como de por fuera de las paredes que me rodeaban, llegaba el sonido de una voz que tal vez llamaba a alguien, o el pitido de un tren o la bocina de una camioneta. Desconcertaban estos ruidos; se escapaban, quebrándose; se me clavaba el doloroso deseo de escucharlos al aire abierto, en toda su lentitud. Entonces me acordaba de que andaba perdida en el interior de aquellos edificios blancos que había visto al llegar; de que por fuera de este pasillo estaba la gente parada a la puerta, y el puente sobre el río, y las montañas, y tal vez todavía un poco de sol. Me estaba haciendo la ilusión de ir a alguna parte, de moverme, y tan sólo estaba comprendida en la órbita del gran edificio, tragada, buceando dentro de él; sin que mis pasos tuvieran mayor importancia de la que puede tener la trayectoria de un grano de maíz en el estómago de una gallina. Reconstruía la imagen del paisaje que había visto por fuera, y lo identificaba como la envoltura de estas paredes que me aprisionaban. Y, a su vez, todo el edificio también estaba ahogado y prisionero, medio emparedado entre dos altas murallas de montaña, espesas, dominadoras como un entrecejo, que apenas le dejaban entre medias la rayita del río para respirar. Era muy poco sitio, estaban demasiado cerca aquellas montañas, demasiado encima, allí afuera, sobre mi propia cabeza. Se iban a venir abajo, iban a derrumbarse sobre los tejados, a cegar las ventanas, a aplastarlo todo. Tal vez ahora mismo, mientras yo lo pensaba, mientras me movía vagamente por aquellos pasillos, por aquellos oscuros intestinos, haciendo mueca de ir a alguna parte; ahora mismo se podían desplomar. Estaba totalmente indefensa. En pocos segundos se consumaría el cataclismo y yo quedaría irremisiblemente sepultada en lo más hondo, sin apercibirme, sin poderme siquiera debatir. Antes de haber llegado a encontrar a Carlos; antes de haber salido, por lo menos, nuevamente a la luz.

Sudaba imaginando estas cosas y sentía deseos de gritar, de volver la cabeza a alguna parte, pero no lo podía hacer. Seguía andando en línea recta con los hombros rígidos, y siempre tenía abierto pasillo y más pasillo por delante.

Oí cerca unos ruidos, como arrastrar de ruedas diminutas, y unas voces que hablaban en secreto:

—Aquí, en este recodo, era donde yo te decía. Mira qué bien, qué hueco en la pared para los tarros. En seguida hacemos el experimento. No pasa nadie, nadie nos puede ver. Éstos eran los estantes del laboratorio. Todo está perfecto.

—... ponlo todo aquí. Tú vete por las ramitas y las cerillas. ¡Qué sitio tan estupendo! Nos podemos venir todas las tardes y no lo decimos...

Eran voces de niños. Me detuve; hice un esfuerzo por localizarlos.

—Alguien viene —dijeron con susto.

Y se callaron un momento. Me imaginé que contenían la respiración, que levantaban las narices y que toda la sangre se les subía a latir en la cabeza.

—Alguien viene —volvieron a decir, más de prisa, con mayor alarma y seguridad.

Sonó un cacharrito que se caía al suelo.

—Ésta es tonta. Vámonos en seguida. No recojáis nada. Luego volveremos a venir.

Delante de mí había una puerta de muelles de dos hojas. La empujé, y del primer tramo de pasillo que apareció al otro lado, levantaron corriendo cuatro niños. Salieron de la izquierda, de una especie de entrante redondeado que hacía allí el corredor, debajo de una pequeña ventana aislada. En este entrante, como en una habitación, habían dejado un carrito y montones de minúsculos utensilios.

Lo abandonaron todo y corrieron hacia el fondo del pasillo. Corrían en la punta de los pies, como liebres, empujándose, tratando de taparse unos a otros con sus cuerpos, y el que quedaba el último se entrelazaba con los bultos de los demás o se cogía a sus ropas por el temor de quedar al descubierto.

El pasillo era ancho y se iba torciendo un poco hacia la derecha, como la curva de un río. Al final lo cerraba una pared con su ventana de visillos, y antes de llegar allí, también en la derecha, había un arco que daba a una escalera. Los niños habían seguido una trayectoria que se dirigía a aquel punto, y, una vez alcanzado, se precipitaron por el hueco abajo. Se mezclaban sus risas, desatadas al llegar a lo seguro, con el tropel de zapatos que frotaban los escalones.

Cuando desaparecieron, me di cuenta de que ellos, al recorrerlo, me habían iluminado aquel pedazo de camino que tenía delante de los ojos; de que, al fin, era como si alguien me hubiera roturado el camino. Abarcaba ahora perfectamente la perspectiva de este trozo de pasillo que me habían abierto los niños al huir; veía lo que estaba en primer término y lo que más allá; calculaba los pasos que me separaban de la escalera. La llamaba así, familiarmente, «la escalera»; la aceptaba, me la apropiaba de un solo golpe de vista. Era terreno que no necesitaba detallar minuciosamente para hacerlo mío, para estar segura de que podría reconocerlo en cualquier otra ocasión, aun sin tener peculiaridades muy marcadas. Y el pensar en atravesarlo no me parecía una tarea agobiante.

Ya había salido del túnel; podía respirar.

Aquella escalera bajaba a la galería del manantial. De sobra lo sabía yo. Ahora, desde que se habían disipado la confusión y la niebla, mi intuición empezaba a contar. Me parecía lógico que, al llegar a la galería del manantial, yo recobrase mi clarividencia y mi autonomía, que solamente entonces las recobrase; y se me justificaban la ceguera y el ahogo recién padecidos; se me hacían necesarios, porque sólo ellos, con su desaparición, habían podido darme la señal de que estaba llegando a lugares intuidos, con los que había contado desde el principio y donde yo sola, sin la ayuda de nadie, me podría orientar y desenvolver.

Bajé la escalera y, al final de ella, me apoyé un instante en la bola que cerraba el pasamanos.

Por la galería del manantial circulaban gentes apresuradas. Se cruzaban entre sí, con breves saludos, como si se movieran por las calles de una gran ciudad, y parecían acudir a resolver importantes asuntos. Demostraban cierta indiferencia unos por otros, como si se conocieran demasiado o tuvieran ocupada la atención en otras cosas. Apoyada en la bola del pasamanos los contemplaba ir y venir, a una cierta distancia todavía, y pensé, admirada: «¡Qué bien lo hacen!», como si los viese representar para mí una función de teatro. El aplomo y la seguridad de aquellas gentes despertaba mi envidia. Incluso los que iban más despacio estaban como absortos en algún negocio de peso y se paraban, conscientes y silenciosos, con la mirada en punto muerto, entre las filas de blancas escupideras. Todo era allí muy blanco y muy solemne. Poco a poco me fui acercando más.

Al manantial se entraba por la derecha, bajando

otros peldaños de mármol. Aquella escalera estaba alumbrada con luz eléctrica y subía un olor de aguas sulfurosas, y también un vaho caliente y húmedo que enrarecía el aire de la galería, haciéndolo pesado como el de un invernadero. Este vaho se extendía igual que niebla y desdibujaba las figuras, volviéndolas misteriosas y distantes. La escalera era muy ancha y tenía dos figuras grandes de bronce representando mujeres desnudas que sostenían candelabros. Muchas personas subían y bajaban por allí y, al hacerlo, se acentuaba su aire grave e importante. Algunos llevaban batines de toalla; a franjas moradas y grisáceas, y en la cabeza un extraño turbante.

Pronto comprendí que aquellas personas no repararían en mí ni me molestarían y me mezclé con ellas, tratando de llegar al fondo, por donde supuse que se saldría al parque, y donde, efectivamente, vislumbré una puertecita.

Sin embargo, la tarea de abrirse camino entre tantas personas que hormigueaban en direcciones opuestas y con grados de prisa diferentes no era del todo fácil, y a mí no me importaba tardar un poco en marcharme de allí. Cuanto más cerca estaba de aquellas personas, más deseos sentía de quedarme con ellas para siempre. Yo misma alargaba la ruta y la complicaba a propósito, dando pequeños rodeos y haciendo eses por entre los grupos estacionados y los que estaban en movimiento. Una vez me di cuenta de que había dado la vuelta y andaba en dirección opuesta a la que debía llevar. Me gustaba mucho estar entre aquellas personas y me hacía la ilusión de pertenecer al mundo que componían y participar de sus preocupaciones. Algunos me rozaban al pasar; me decían incluso: «Usted perdone.» Era muy grande la tentación de quedarme con ellos, y parecía todo tan sencillo... Quizá tan sólo consistía en girar y girar, en dejarse ir sobre las baldosas y por las escaleras alumbradas, abajo y arriba, hacia la derecha y la izquierda, y por las baldosas otra vez, con los mismos pasos que ellos daban, sin perder el compás, el ritmo de todos. Tal vez, cuando se acabasen las vueltas, habría pasado mucho tiempo y ya todos me conocerían. Me habría librado de mi condición y de mi angustia.

Paseaba y paseaba de un lado para otro, componiendo un continente mesurado. Era fácil de aprender aquella función. Todo giraba, se engranaba de por sí. Sería maravilloso tener un papel de verdad en aquella rueda, no estar solamente imitando a los demás.

Ellos formaban un mundo, se relacionaban grandemente entre sí. Sus asuntos, aunque fueran particulares, no eran de índole distinta. Estando en el mismo plano de aquellas personas y tan cerca de ellas, me daba cuenta de cuánto tenían que ver unas con otras, del acuerdo que reinaba entre todas. Se hablaban en voz baja al pasar y algunos se detenían a darse golpecitos en la espalda y esbozaban sonrisas pálidas, como de consuelo. Pero todo lo hacían bisbeando, con mucho respeto, en tono menor, sin bullicio ni descompostura, como si hubiera un enfermo que dormía allí justo y todos preguntasen por él y se compadecieran. Acaso todos ellos estaban enfermos y lo sabían, y por eso se guardaban tanta consideración entre sí, unidos en su misma enfermedad, en la idéntica esperanza de curarse.

Yo también podría haber fingido un desmayo, un vómito, cualquier cosa y ya sería uno de ellos, y en seguida me rodearían y me llevarían en volandas a la habitación. Pero la habitación se me representaba como una escombrera, como un cubil salvaje y maloliente. No podría ofrecerles ni una taza de té; no habría sitio donde poner la bandeja, bailaría sin asentar sobre los bultos desiguales. Ni siquiera una silla podría ofrecerles. Me acordaba de las ropas, de la maleta abierta, de los paquetes amontonados. Había algunos grandes encima de otros de menos base y era fácil que los de arriba se hubiesen caído, con lo cual estarían los papeles rotos y todo desparramado por el suelo.

La imagen de este desorden me volvió a traer a la mente el recuerdo de Carlos, y la urgencia que había de encontrarlo. Di la vuelta y eché a andar hacia la puertecilla del fondo lo más de prisa que podía, como si nadase contra la corriente.

Cuando salí al parque era de noche, una noche sin luna. Me apoyé en la puerta, desconcertada, y esperé a que mis ojos se fueran haciendo a lo oscuro para poder avanzar.

No se oía ningún ruido en torno. Venía un aire limpio y suave, y, a rachas, un perfume pequeño a canela, a pan con azúcar; debía haber una mata de heliotropo allí cerca. Agucé el oído y me mantuve unos instantes en tensión; luego empecé a andar con cuidado, llevando las manos extendidas delante para no tropezar. Noté que a cada paso que daba tardaba más tiempo en llegar con los pies al suelo, como si fuera andando cuesta abajo o la tierra se hundiese. Esto me producía mucha angustia, me daba una enorme sensación de inseguridad.

Poco a poco me fui acostumbrando a la tiniebla y empecé a distinguir sombras y contornos. El parque era estrecho y alargado, limitado en cada extremo por una fila de árboles fantasmales tupidos y uniformes, como guardianes. Por el medio había macizos de flores gigantescas. A veces, el camino se interrumpía y tenía que avanzar por entre estos macizos, rozando los gruesos tallos, y me parecía sentir la respiración de una persona o de un animal escondido allí junto. Las flores eran gordas y carnosas como cabezas y despedían un olor sofocante. Pasaba sin atreverme a respirar.

Por la izquierda oí sonar el río. De detrás de los troncos de los árboles subía el murmullo apagado y hondo, como la voz lamentosa de un prisionero.

El molino debía estar ya cerca. Me dio miedo asomarme y casi no quería mirar para allí. ¡Qué terrible el molino en la noche! Tal vez en torno a sus paredes, donde las aguas se agitaban, aflorasen ahora, entre turbias espumas, las risas sin dientes de los ahogados; y estarían en corro las pálidas cabezas, levantados sus ojos huecos hacia los ojos huecos de las ventanas. Y llamarían con ello a todo el que pasase por allí.

Seguí andando de prisa. Tal vez Carlos no había muerto todavía. De estar vivo, andaría por allí, muy cerca. Tal vez lo tenía a mis espaldas, entre los matorrales; tal vez era la suya aquella respiración que me parecía sentir algunas veces. También tenía miedo de que estuviese vivo. Quise llamarle y no me salía la voz.

Seguí andando hacia el fondo del parque y me hundía gradualmente. El suelo estaba liso, sin desnivel alguno, y yo veía el bulto de mis pies posándose por lo llano; pero, a pesar de todo, me hundía sin remedio. Seguramente me hundía hacia el molino. Me poseía un poder misterioso que era capaz de arrastrarme hacia allí poco a poco por un desconocido tobogán. Carlos se estaría ahogando y me llamaba.

Llena de espanto, hice un esfuerzo por detenerme y resistir. Cada vez iba caminando más de prisa, siempre de frente. Me salió al paso un árbol corpulento y me abracé a su tronco con toda la potencia de mis brazos, como cuando uno no quiere que lo lleve el viento, y clavaba las uñas en su corteza.

De pronto tuve una extraña clarividencia. Por primera vez desde que habíamos llegado al balneario se me cruzó la idea de si estaría soñando. Se me abrió esta duda como una brecha en los muros de tiniebla que me cercaban, como la única salida posible, la única luz. Pero se me alejaba, desenfocada, bailando con guiños de burla, como la luz de un faro; perdía consistencia y desaparecía, sofocada por las imágenes y las sensaciones del sueño mismo. De nuevo intenté gritar, esta vez con mucho mayor empeño y esperanza, con todas mis fuerzas, y de nuevo fue en vano. La voz no me salía, se me estrangulaba sin alcanzar a repartir sonido, igual que si tropezara con una barrera de piedra.

Empezaron a oírse ruidos lejanos que se acercaban más; algo así como golpes acompasados contra un tambor y pasos de muchas personas arrastrando los pies procesionalmente. Apreté la cara contra el tronco del árbol y cerré los ojos. Venían los ahogados —no había duda—, traían el cadáver de Carlos para depositarlo a mis pies. Ya iban a llegar pronto. Sería terrible cuando llegasen a mi espalda y me tocasen con un dedo por detrás.

Si estaba soñando, tenía que despertar en seguida; antes de que ellos llegasen, antes de ver a Carlos muerto y que fuese verdad. Había que darse prisa. Ahora mismo: gritar y despertar. Pero cada vez que lo intentaba no conseguía más que avivar mis terribles sufrimientos. Me debatía entre la luz y la sombra, entre la vida y la muerte, desesperada ante la impotencia de vencer y salir a lo claro, de aniquilar este mundo de amenazas, terror y misterio, que me envolvía y acorralaba, que avanzaba, agigantándose, cada vez más desorganizado y caótico, sin ningún asidero para mí.

Ahora, en las pausas de los tambores, se oían otros golpes más tenues, pero más cercanos, como de alguien que me viniese a salvar, que me llamase desde otra orilla, a través de un delgado tabique. Alguien me estaba buscando con una luz muy fuerte para sacarme de allí, pero iban a pasar por mi lado sin verme, sin oírme. Sabía que todo consistiría en lograr dar un grito poderoso. Lo intentaba de nuevo, sin conseguir soltar el chorro de la voz. Lo ensayaba, a empujones cortos y continuados, sin tregua. Tenía una piedra enorme cegándome la voz, como la entrada de una cueva.

Los pasos de los ahogados, trayéndome el cuerpo inerte de Carlos, haciendo retumbar sus tambores de muerte, sonaban ya cerca, a mis espaldas. Los otros golpes, los de verdad, los que solamente estaban separados de mí por un telón, por una débil muralla, se oían más apagados y más lejos. Un grito, un grito que me los acercara, que me los iluminara. Si me oían gritar todavía podían llegar a tiempo los que me buscaban, para sofocar los otros ruidos y destruirlos, para sacarme de allí. Me estaban buscando con potentes linternas.

Ya llega Carlos, muerto, rodeado de cuerpos de fantasmas; ya vienen los tambores. Un esfuerzo. Estoy dormida, soñando. Un esfuerzo.

Ahora conseguía emitir unos gritos raquíticos como mugidos, como burbujas. Más fuerte. Más. Más fuerte. Gritar, gritar, gritar...

2

—¡Señorita Matilde!... ¡Señorita Matilde!... ¿Me oye?

El botones deja un momento de golpear con los nudillos y pega el oído a la puerta, sin atreverse a entrar ni a marcharse. Luego llama otra vez, más vivo, sin respeto, realmente alarmado.

La señorita Matilde hace crujir los muelles de su lecho y se debate, emitiendo gritos ahogados y angustiosísimos, como si la estrangularan. El botones, por el invierno, ha ido al cine varias veces y sabe que pueden ocurrir cosas así. Conoce algunas historias de malhechores que se deslizan furtivamente en los dormitorios de las mujeres solas para robarlas o violarlas, y que, después de saciado su deseo y su codicia, escapan sin dejar huellas de su paso, hurtándose sigilosos a todas las miradas.

El botones está muy excitado y se siente héroe de verdad por primera vez en su vida. Tiene catorce años y en este balneario se aburre de muerte. Vaya una ocasión. No es que vaya a decir que no le da un poco de miedo, pero no se piensa ir ni pedir ayuda a nadie. Va a entrar él solo, solito, a sorprender el atropello del desalmado. Como no conteste ahora, vaya si entra.

—Señorita Matilde..., señorita...

Nada, que no contesta. Que sigue con los gemidos. Las piernas le tiemblan un poco. Pone la mano en el picaporte, pero no se atreve a empujar.

A lo mejor era más seguro bajar a avisar al conserje. Sí, claro que sería más seguro. El conserje es un hombretón como un castillo, menudo tío; con ése ni lo contaba el tipo de ahí dentro. Pero, ¿y si se va mientras él baja y vuelve a subir? Además, viniendo el conserje, él seguiría teniendo bastante mérito; siempre dirían: «Ese chico fue el que avisó»; pero ni comparar con lo que será si entra solo y se lía a puñetazos. A lo mejor lo traen en los periódicos, y hasta con retratos. Se imagina la cara que pondrá Demetrio, el de «La Perla», que siempre los anda llamando cobardes a todos, porque una vez de poco mata a uno peleándose, y llegó a estar en la cárcel un mes.

Ánimo. Un poco de ánimo. Ahora se oyen palabras entrecortadas y un grito algo más claro y más alto; y otra vez nada. Sólo el cuerpo que se revuelve encima de la cama, como si rechazase a otro cuerpo en la lucha.

Todavía vacila. Mejor le gustaría que fuese la señorita Clara, la del veintiséis, que duerme sola en la habitación al lado de su padre, ese señor que es

juez. Con ésa sí que no lo dudaba; aunque sólo fuese por verla echada en la cama. Vaya una maravi-
lla. Es la única chica joven que viene al balneario;
le suele sonreír —más maja y simpática—, y hasta
el año pasado una tarde que llovía jugó con él al
ajedrez. Siempre anda por el paseo, con un libro
cerrado y las manos colgando, sin saber lo que hacer. Bien que se aburre la pobre. Por las mañanas,
todavía; alguna vez se va en el tren a la playa. Pero
por las tardes todo se le vuelve dar vueltas como un
oso enjaulado y entrar por una puerta y salir por
otra, y echarles a todos los que ve esos ojos tan
mustios y tan preciosos, y aguantar las bromas de
los mayores, como si se quisiese escapar y pidiese,
mudamente, auxilio. Por defender a ésa no se andaba parando a pensar si iban a sacarle o no en los
periódicos. Entraba, aunque supiera seguro que lo
iban a matar.

De todas las demás señoras y señoritas le da lo
mismo. Si no fuera porque vienen las mismas todos los años, hasta las confundiría. Todas iguales,
con la nariz y los ojos absurdamente repartidos,
que parece que siempre les sobra sitio en la cara;
con la boca muy delgada pintada de carmín, rema-
tada por dos altivos surcos paralelos; con esos tra-
jes llenos de frunces y perifollos que tardan lo menos tres horas en arreglarse. Y luego las risas tan
bobas cuando están todas en rueda, tomando el
chocolate.

Ésta no es de las peores. Es bastante cariñosa y

le ha dado propina varias veces. Además no puede uno elegir las ocasiones. Seguro que una como ésta no se le vuelve a presentar en la vida.

Nada, hay que decidirse. Otra vez se acuerda de Demetrio y aprieta el puño sobre el picaporte. A la una, a las dos y a las... ¡tres!

Ha entrado de un golpe, como si derribara la puerta, exagerando la violencia de su actitud para hacerse fuerte, y ha avanzado en línea recta, con los puños cerrados, hasta el centro de la habitación. Allí se ha detenido y se le comba el pecho fieramente, mientras las piernas le tiemblan y casi se niegan a sujetarle. Piensa que su aparición inesperada y sus pasos decididos serán más que suficientes para asustar al ladrón y ponerlo en fuga. Dice, sin mirar a ninguna parte, con una voz que quiere ser terrible:

—¿Quién anda ahí?

Y se queda bastante satisfecho de sí mismo, porque la voz le ha respondido, aunque un poco más débil de lo que hubiera hecho falta, sin gallos ni temblores.

Ahora, en vista de que no se oye nada, se atreve a mirar en torno. La habitación está en penumbra y huele a sudor y a cerrado. Al principio no está seguro del todo, pero le parece que no hay ningún extraño. Aquel bulto...; no, nada, es un traje oscuro sobre el respaldo de una silla. Siente a la vez alivio y decepción. Como no se haya escondido... Ahora ya mira libremente en todas direcciones, abarca el cuarto, rincón por rincón, y ve bien claro que el ladrón no está.

Avanza decidido hacia la cama. De esconderse, habrá sido debajo de la cama; pero no le ha dado tiempo. Además, ésos son recursos de los cuentos de niños. Los ladrones y asesinos del cine aprietan resortes ocultos en las paredes o se descuelgan por las ventanas con saltos fabulosos, sin hacer ruido, casi volando.

Todavía un pequeño sobresalto al tropezar con algo blando que está en el suelo, encima de la alfombra. Es el corsé de la señorita Matilde, con las medias prendidas, colgando despatarradas como piernas de goma que se hubiesen desinflado. Le da un poco de asco, lo aparta con el pie. Ya está a la cabecera de la cama.

La señorita sigue emitiendo sonidos inarticulados que se le abortan sin salir del todo, angustiosos, tercos, confusos, como los de un mudo que quisiese hacerse entender. Su cuerpo sudoroso se agita dolorosamente, presa de un misterioso maleficio, y se marcan sus contornos, abundantes y desceñidos, por debajo de la colcha ligera. La señorita está en combinación y duerme con los brazos destapados; se le ve, también, todo el escote opulento. Menudo, cómo debe sudar. El botones la contempla totalmente desencantado; sin querer vuelve a acordarse de la señorita Clara, la del veintiséis, y piensa lo que hubiera sido verla a ella en la siesta. Se siente muy ridículo. ¡Qué rabia le da haberse asustado tanto! Si lo llega a saber Demetrio... Ganas le dan de volver la espalda y marcharse al pasillo por donde ha venido, sin echarle una mano a esta infame gorda. Pero le da un poco de pena. ¿Quién tiene el corazón de irse, dejándola a la pobre en garras de esa terrible pesadilla?

La coge por un antebrazo y la sacude suavemente. Mejor sería por los hombros, pero los tiene tan desnudos. Le da como reparo.

—Señorita, despierte; señorita Matilde.

Es poco, demasiado flojo. ¿Qué demonios estará soñando? Ahora menea la cabeza para los lados y hacia atrás, como si quisiera sacudir un moscardón imaginario, y abre mucho la boca; se le va la lengua inerte y babosa, sacudida por los inútiles pujos de voz aprisionada, de la voz que se debate por alcanzar a ser algo más que esos sordos gemidos. Pone un gesto de patética estupidez. Se parece al Chele cuando anda borracho perdido y no lo pueden levantar del suelo entre dos hombres. Se parece, también, a don Antonio, el encargado de antes, cuando estaba muriéndose. Dios mío... ¿Se irá a morir? Aquí sola con él, en este cuarto... A lo mejor le ha dado un ataque o algo...

El botones no deja de mirarla. Ahora está asustadísimo. La sacude, esta vez por los hombros, bien fuerte, sin remilgos. Las manos se le hunden en la carne blanda y blancuzca, en la carne abundante limpísima e intacta, lavada dos, tres, cuatro veces al día con un rico jabón que viene envuelto en papel amarillo, que lo mandan en cajas de cuarenta pastillas y casi no lo venden ya en ningún comercio; un antiguo, satinado jabón, anunciado en las páginas de la *Ilustración Española y Americana* junto al dibujo de una señora de boca pequeña, la larga cabellera rubia flotando al viento. Los hombros de la señorita Matilde constituyen su mayor orgullo. Le gusta mirárselos desnudos en el espejo, a través de las blancas burbujas de jabón, secárselas con mimo, como en una caricia; recorrerlos con el pulgar, mientras los otros dedos se esconden en el nido amoroso del sobaco. Se los mira una y otra vez con el pretexto de lavárselos, de explorar un granito, de reformarse una combinación. Los echa para atrás, los tornea en el aire, les busca el perfil. No puede resistir la tentación de hacerlo. Muchas veces, en la confesión, ha tenido que acusarse, muy avergonzada, de estas pecaminosas complacencias.

Al botones, por su parte, los hombros de la señorita Matilde le dan bastante grima; jamás se le hubiera pasado por la cabeza la idea de tocarlos, de no haberse visto obligado a ello por circunstancias tan perentorias. Gracias a lo asustado que está ha logrado superar esa repugnancia. Ahora se trata de algo más serio; hasta palmadas se atreve a darle en la cara, que la tiene como untada de crema; hasta a hablarle muy cerca del oído, rozando los rizos aplastados:

—Señorita, despierte; señorita..., por Dios.

Por fin, la señorita, bruscamente, se incorpora

en la cama de un salto inesperado y lanza un grito desgarrador y victorioso. Un grito largo, largo... Es como respirar, como abrir las compuertas, como si entrase torrencialmente el aire a llenar hasta lo hondo un aljibe vacío.

Abre los ojos extraviados de terror, y se abraza al cuello del botones, sin que él tenga tiempo de evitarlo. Le ha saltado de repente como una pantera y se acurruca contra él, y el aliento entrecortado y ardoroso de sus palabras le hace cosquillas en el lóbulo de la oreja. Todavía no sabe lo que dice.

—Carlos, Carlos..., te quiero; qué miedo, te mataban.

Y a todas éstas, clavándole las uñas en el cogote y sudándole encima aquella mole desgobernada, fofa y pertinaz. Se desprende como puede, todo sofocado, y se cantea tímidamente hacia la rayita de luz que entra por la ventana, para que ella le mire y le pueda reconocer. Articula, turbado:

—Soy Santi, señorita Matilde. Santi..., ¿no me conoce? He entrado porque la oí quejarse y creí que le pasaba algo. Perdone que haya entrado, pero estuve llamando mucho rato y no me contestaba. Ha debido tener una pesadilla...

Ahora baja los ojos como disculpándose de no ser esa persona a quien ella llama, de resultar extraño en esta habitación, de haberle usurpado el lugar a alguien.

—Soy Santi, Santi, el botones —repite.

Igual que si dijera: «Solo Santi. Yo no tengo la culpa.»

La señorita Matilde está sentada ahora con el cuerpo rígido y le mira con ojos inexpresivos, fijos y distantes. Poco a poco va sintiendo el sudor de sus piernas, el peso de su cabeza, va haciéndose a la penumbra de la habitación cerrada. Pesadilla..., era una pesadilla. La mala digestión, el bacalao al pil-pil. Tiene la lengua seca, como untada de ceniza. Ha sido el bacalao, siempre le pasa igual cuando lo ponen. Ni régimen ni nada; no se da harta.

¡Puf, qué manera de sudar! Tiene un pie destapado, colgando. Hasta la colcha pesa. Vaya trazas de cama. Este chico la ha visto medio desnuda. Ahí está, todavía, de pie. Santi, claro Santi, el botones. Carlos sueño, Carlos no hay. No hay congojas, no hay vereda terrible que arrastra al molino, ni fantasmas de ahogados, ni hostilidad por parte de nadie. Pero Carlos, tampoco. No ha podido llegar a decirle aquello tan urgente que le iba a decir. Flota, se esfuma lejísimos el mensaje. No le ha dado tiempo. Ya nunca le dará tiempo. Ha quedado pendiente, roto sobre los abismos. Ahora no tiene nada que decirle a nadie. Se sube un poco la colcha. Se tapa.

—Sí, Santi, Dios te lo pague, hijo. Tenía una pesadilla muy mala. Gracias a que has venido tú —se estira, se pasa la mano por la frente—. ¡Qué calor! ¿Qué hora es?

—Serán las cinco y cuarto. Yo subía a avisarla,

de parte de las señoras, porque dicen que la necesitan para el julepe. Ya están todas abajo.

—Ah, sí, para el julepe... Pues diles que ahora voy.

Las últimas palabras, sobre todo el «voy», se oscurecen tragadas por un poderoso bostezo. Santi se pone a hacer el cálculo mental de los bostezos que irán transcurridos en el balneario desde que se levantó él por la mañana temprano, de los que se estarán produciendo ahora mismo, de los que faltarán todavía hasta la noche.

—Pues me voy, señorita, si no me necesita para otra cosa.

La señorita Matilde se queda inmóvil, recordando. Eso mismo le dijo el botones del sueño, cuando le dio el recado en el pasillo. De pronto mira a éste fijamente. Aquél..., éste..., ¡pero si son el mismo! Tiene ganas de retenerle, de preguntarle, por si acaso supiera alguna cosa más acerca de Carlos, o tuviera que darle recado nuevo. Está segura de que es el mismo. Le parece que ahora se está burlando de ella, tan seriecito en su papel de Santi, escondiendo la risa que le da fingirse otro distinto del de hace un rato; le parece que disimula para engañarla y embarullarla en este juego desconcertante. El otro no sabía su nombre y éste la llama señorita Matilde; pero es igual. O los dos son verdad, o los dos son mentira. Llamarse señorita Matilde no demuestra nada.

—Digo que si no manda otra cosa, que me voy —repite el chico desconcertado.

—¡Qué bien lo hace! Le da vergüenza descubrirle, decirle que le ha reconocido. A lo mejor también él, pobrecillo, es víctima de este juego, y son otros los que le ponen y le quitan los papeles, los que lo manejan.

—No, muchas gracias. Te puedes ir. Ciérrame bien la puerta.

La señorita Matilde, Matilde Gil de Olarreta, se ha quedado sola en la habitación. La habitación está limpia y recogida. Gil de Olarreta, Bermúdez, Acuña, Céspedes, Casamar... Los apellidos se levantan en una racha de aire manso, danzan como vilanos por la habitación cerrada. Sabe hasta dieciséis. Le gusta recordalos. Se van sucediendo enhebrados, como música; los va viendo colocaditos en estantes, igual que camisas planchadas. Estella, Del Río, Aguilar, Orfila... Sus apellidos escritos en lápidas de cementerio, en reseñas de la buena sociedad, en dedicatorias de fotografías, en escrituras de compraventa, en viejos fajos de cartas archivadas; sus apellidos vestidos de uniforme. Le guardan las espaldas, le evocan cosas de fundamento. Han subido las navieras Aznar; ayer, carta de la prima Luisa, diciéndole que vaya con ella a Mataró; todo está recogido; mañana es Santiago Apóstol, dirá el sermón don Manuel, como todos los años; viene, el pobre, por las dos piedras que tiene en el riñón; ese día siempre cuenta lo mismo, lo de los moros; que por lo visto, hizo el Apóstol una atroz matanza montado en su caballo. Se bajaría a ratos del caballo, cuando nadie lo viera. O no, cualquiera sabe; son cosas de hace tanto tiempo.

Esta tarde hace bochorno. De abajo, del paseo, suben palabras y risas. Las del julepe. De un momento a otro le van a dar una voz para que baje. Esa que se ríe ahora es Amelia, la de Valencia. Se la oye una vez y ya se la conoce siempre; parece una codorniz. Bueno, hay que levantarse. Nunca le ha dado tanta pereza.

La señorita Matilde pone los pies desnudos encima de la alfombra y contempla perpleja la habitación. Otra vez tiene la sensación extraña de que alguien la está engañando. Desconfía, se siente insegura.

La habitación es la misma del sueño. La puerta que da al baño todavía está abierta. Él era brusco e incomprensible, turbador; seguramente ocultaba un pasado azaroso. La hablaba con dominio y con cierta indiferencia, como si fueran viejos amantes. La señorita Matilde pasa sobre la palabra amantes con un dulce sobresalto. Luego se la repite y, al hacerlo, le late fuertemente el corazón. Viejos amantes. En esta misma habitación..., hace un momento.

Ahora mira el espejo, que está enfrente. Allí dentro le parece que va a ver continuar el sueño interrumpido, como en la pantalla de un cine. Ese cuarto de dentro lo ve a través de una neblina, como si estuviera inmerso, todavía, en la luz indecisa y abisal que ella acaba de sacudir de sus ojos. Ahí está sentada la mujer del sueño, con los pies y los brazos desnudos, atenta a los rumores apagados que suben del paseo, sin atreverse a salir por los desconocidos pasillos, temerosa de alguna emboscada. A lo mejor ahora se va a abrir la puerta y va a volver él. Va a acercarse de puntillas y a abrazarla por la espalda, y ella llorará con la cabeza escondida en su pecho y le pedirá que se vayan de aquí; le contará el miedo que ha pasado en este cuarto, tanto rato sola, pensando que él se iba a suicidar. Y él le acariciará los hombros y los cabellos, le besará los ojos como a una niña asustada.

La señorita Matilde se levanta y se va al espejo, atraída por una fuerza misteriosa e irresistible. La mujer de dentro de la luna se levanta también y avanza hacia ella, lenta, solemne y fantasmal. Se quedan paradas una frente a otra y se miran absortas, como haciendo memoria, como si no pudieran conocerse. Fijándose bien, la señorita Matilde advierte, de pronto, que la de dentro tiene en los ojos un poco de burla, como si hubiera adivinado todas las fantasías que ella está urdiendo con tanta seriedad y le siguiera la corriente por obligación. La mujer del espejo se pasa horas y horas agazapada en lo oscuro y, cuando se asoma, viene pensando en viajes que ha hecho desde su rincón. A la señorita Matilde le da envidia, porque le parece que sabe más cosas que ella; pero luego reflexiona y se siente orgullosa de envidiarla, porque, al fin y al cabo, es como estarse envidiando a sí misma. Y entonces se ríe, complacida, y señala a la imagen con el dedo y dice: «Yo soy ésa, yo soy ésa. Yo soy tú.» Y le gusta ver que la de dentro se ríe y hace los mismos gestos, como una esclava.

De abajo viene una voz impaciente:

—¡Matilde!... Pero, ¿bajas de una vez?

Ella ha abierto la ventana y saca un poquito la cabeza por detrás de la cortinilla blanca de lienzo. Debajo de los árboles del paseo han puesto dos veladores y, sentadas alrededor, cuatro señoras han armado el julepe. Desde arriba sólo se ve bien a la que está de espaldas, con un traje estampado de ramajes grises. A las otras las tapan las copas de los árboles. Se ven algunas manos posadas sobre el mármol, agarrando las cartas, y se reconocen palabras sueltas del juego. Detrás de ellas está el río, aunque tampoco se ve. Y en la orilla de allá las montañas verdes y lisas, con montoncitos de hierba segada y árboles frutales. Hay dos niños arriba del todo. La señorita Matilde se acuerda de que el año pasado subieron ellas allí de merienda, una tarde que se ahogaba uno en el valle, y, después de las fatigas de la escalada, sólo se veían otros montes muy cerca de aquél, tan cerca que daban ganas de subírselos también, porque entraba como una comezón de llegar a lo llano. Se cansó mucho ella aquel día y luego le sentó mal la tortilla de patatas.

En el centro de uno de los veladores han puesto un cenicero grande y se oye el sonido metálico de las perras cayendo allí.

—...y ¿quién te manda a ti meterte con la sota y una brisca?

—Julepe a las tres.

—Ay, hija, como empecéis como ayer...

Como ayer. Y como anteayer. Y como mañana. La sota adolescente y descarada como una modistilla en carnaval. El caballero afeminado. El rey barbudo. Las briscas, los triunfos pequeños. El as de oros, radiante como un cáliz. Que pinten oros; si pintaran oros...

Las cinco y cuarto todavía. Bajará. ¡Qué va a hacer! Hasta las nueve que se cena... ¡Cuánta tarde queda por matar todavía! Matar la tarde. Irla matando célula por célula, minuto por minuto, y verla cómo va perdiendo sangre, sin ningún entusiasmo tampoco por su muerte, porque es como un trabajo rutinario, de oficina, el de matar todavía. Irse llenando los dedos de la sangre de la tarde, una sangre cenicienta y templada que se escurre como arena, que ni siquiera deja mancha.

La señorita Matilde se sienta en el alféizar de la ventana, presa de un lánguido sopor, y por detrás de sus ojos, que se posan inertes y sonámbulos en las altas montañas de la orilla de enfrente, van desfilando, mezcladas e incompletas, imágenes vividas en este balneario, recuerdos, impresiones. Le parece que está pasando entre los dedos las cuentas

73

de un rosario cuando pasa revista a estas imágenes, sabidas, incoloras, silenciosas, que se le superponen desde siempre como un grueso hojaldre de paredes blancas.

El balneario no es que sea muy grande, pero tiene, eso sí, muchas puertas. Éste es el Gran Hotel, y comunica con el manantial y los baños. Hay muchos pasillos interiores que parecen inútiles y enorme cantidad de recodos y escalones. Pero, sobre todo, las puertas. Generalmente son de esas de dos hojas, que basta con empujarlas y se abren y se cierran sin ruido. Si no hubiera tantas puertas, aunque casi todas vengan a llevar al mismo sitio, este lugar no tendría movimiento ni emoción ninguna. Nadie se perdería y estarían todos sentados en círculo, mirándose a los ojos, pensando secretamente en escapar.

Las puertas llevan al manantial, al salón, con su piano, al escritorio, al parque de atrás; pero lo importante no es a dónde lleven, sino que las haya en tanta profusión. Desde por la mañana, todos los agüistas desahogan sus nervios buscándose unos a otros en repetidos paseos circulares, a través de los limitados recintos recorridos tantas veces. Entran y salen enardecidos por la pesquisa; creen encontrar el rastro a cada instante y no les importa que se les vaya un poco, porque es igual que el juego del escondite, donde la gracia misma reside en la dificultad de la búsqueda y en que dure más tiempo.

—¿Ha visto usted a don Pedro?

Y uno siempre lo acaba de ver. Don Pedro ha salido de aquí precisamente ahora; acaba de marcharse por aquella puerta. Caliente, caliente. Si se da usted prisa todavía lo alcanza. Y el buscador le sigue. Y don Pedro lo sabe: que lo están buscando, que alguien lo está buscando, que lo van a alcanzar; y por eso le encuentra gracia a dar un paseo, a entrar y salir por estas puertas con el pretexto de pasear su vaso de agua; de buscar, a su vez, a otra persona, en lugar de sentarse tranquilamente a leer el periódico. Y cuando el buscador alcanza a don Pedro, habla con él dos palabras o se da una vueltecita en su compañía y en seguida se despide, pretextando un pequeño quehacer, pero lo cierto es que se va a buscar a otro agüista para cambiar un poco, porque don Pedro, en realidad, tiene poca conversación y no sabe uno qué decirle.

Aquí todos se conocen de unas temporadas a otras. Constituyen una gran familia y se subdividen, agrupándose por regiones. Gallegos, catalanes, madrileños... Conocen los unos las historias de los otros, y sus dolencias, y sus parentescos. Y algún día descubren con gozosa sorpresa antiguas amistades y las desentierran como un tesoro.

—¡Pero, hombre, si no conozco otra cosa! Toda la vida vivieron al lado de casa de mis abuelos, en Bilbao. Famoso aquel Cesítar. Si usted lo hubiera conocido de niño..., sabía más que Lepe.

Cuando llegan los agüistas nuevos, la primera orientación que se necesita es la de conocer la región a que pertenecen. Con eso se les coloca en el casillero oportuno, y de ahí se pueden ir sacando informaciones ulteriores hasta localizar el apellido, y procurar sacarle, paladeándolo despacio, ramas afines con algún otro oído anteriormente, tal vez en este mismo balneario.

—Usted no tendrá que ver, por casualidad, con Pepe Villanueva, el de Cáceres.

—Sí, señora, es primo segundo de mi madre.

—Vaya, ¡qué casualidad! Pues no lo querrá usted creer, pero la he sacado por el parecido. No diré que sea una gran cosa, pero se dan ustedes un aire de familia.

Sí. Todos se conocen; todos se localizan por los nombres, por las familias, en esta gran familia del balneario.

La señorita Matilde, con un pequeño sobresalto, vuelve otra vez la vista a sus apellidos, como si temiese verse despojada de ellos, y al repasarlos nuevamente se siente muy ufana del rico y abundante cortejo. Ella tiene la suerte de haber nacido en Valladolid, de padre santanderino y madre aragonesa, y haber vivido casi siempre entre Madrid y Barcelona, con lo cual conoce gente de estas cinco provincias. Esto le concede un notable privilegio sobre la mayoría de los veraneantes, que se rindieron a la evidencia de esta superioridad desde el primer día.

Ahora se da cuenta de que, hace un rato, cuando entró por esa avenida de la mano de Carlos, una de las cosas que debieron hacerla sufrir más fue encontrarse, como se encontraba, con una memoria vacía, sin poder echar mano de sus dieciséis apellidos para recitárselos a todas las señoras que alzaban los ojos, intrigadas, al verlos llegar.

Aparte de la exhibición de los propios parentescos y de la investigación de los ajenos, ¿de qué otras cosas se habla en este balneario? Lo de los parentescos es, desde luego, lo más importante; pero hay que tener en cuenta que se habla mucho, porque el día es largo, que se habla sin parar de muchas cosas. Hay veces que ni siquiera da tiempo a escuchar lo que dicen los demás, porque está uno ocupado, recordando un sucedido que tiene que ver con lo que cuentan alrededor, y lo está preparando para soltarlo cuando haya una pausa. Y otras veces hablan todos al tiempo, y la conversación resulta algo confusa.

Sucedidos, sí. Principalmente se cuentan sucedidos. Sucedidos en rueda, entrelazados. De una niña, por ejemplo, que se tragó una perra; de que eso es peligroso.

—Ah, pues verá usted lo que le pasó a mi sobrinito...

—...sí, sí, muy peligroso...

—... y la perra era más gorda que una almendra.

—El pequeñito de mi hermana Angeles, la que vino a verme el otro día con su marido...

—¿Y dice usted que se ponía morada cuando la tragó?

—... pues nada, que el angelito, en un descuido de su madre, agarró el pizarrín...

La niña, el sobrinito, la perra, el pizarrín..., sucedidos salteados, desvaídos, larguísimos de contar, desmesurados artificialmente para alcanzar a atraer la atención de todos los contertulios; para lograr, si es posible, que también levanten la cabeza de las mesas inmediatas, que se vengan al corro arrastrando sus sillas. Sucedidos recientes o de antaño, del tiempo que uno quiera, hasta puede que inventados; sucedidos no sucedidos jamás. De descarrilamientos, de muertes repentinas, escuchados plácidamente entre sorbo y sorbo de chocolate.

Que si las manzanas estaban malas, que si no estaban maduras, que si tenían gusano... «¡Ay, Señor, que me pongo mala! ¡Ay, Dios mío, que qué malita me pongo!» Esto a las siete. A las nueve, ¡muerta!

También se cuentan chistes, es verdad. Muchos chistes se cuentan. Los hay de hombres y para señoras, como las tandas de ejercicios espirituales. Y también los de hombres se les cuentan a algunas señoras, aunque haya otras que se escandalicen y digan que no han entendido nada. Hay personas especializadas en contar chistes, como hay otras especializadas en reírlos, con una risa ruidosa que se queda abajo, chocando entre las paredes del estómago, sin subir a alegrar los ojos. Los chistes se olvidan y, cuando se repiten, no se los reconoce. Se quedan en el fondo de la memoria como un barrillo impreciso, y no circulan, no se incorporan a la masa torrencial de todo lo visto y lo oído: son igual que muertos en su nicho.

Sillas... ¿Cuántas habrá en el balneario? Entre bancos, y sillas, y sillones; entre los de mimbre, los tapizados, los de madera, los de lona... Una vez que vino un prestidigitador por la noche sacaron al paseo asiento para todos y formaban los asientos filas y filas. Pero todavía estaban dentro del salón, en el vestíbulo y en las habitaciones todas las sillas de siempre, como si no hubieran quitado ninguna. Debe haber más de cinco —¡ya lo creo!— y más de seis para cada persona, contando a todos los empleados y a los de la cocina.

Sería muy bonito sacar un día todas las sillas y los sillones, absolutamente todos, y ponerlos en hilera, agarraditos de las manos, desde la puerta del Gran Hotel para allá. Una fiesta de sillas, de sillas solas, vacías, sin servir al cansancio de nadie; de sillas libres. Una fiesta de sillas que celebrasen su día de vacación, su domingo. ¿Hasta dónde llegaría la fila? Desde luego, más allá de la iglesia. A lo mejor hasta el paso a nivel. O más allá. Seguramente más allá. Lo menos hasta la segunda curva de la carretera, donde está ese letrero torcido, en medio de un maizal, que ningún año se ha caído del todo ni se ha torcido más; ese letrero donde pone: «Para calidad, Domecq», y que es el límite de los paseos que se dan por la tarde, antes de que toquen para el rosario, las señoras de cierta edad, de sesenta para adelante. Dicen: «Vamos hasta el letrero. ¿Viene usted, Beatriz?», y se llevan el velo dobladito para entrar en la iglesia, a la vuelta. La señorita Matilde, en sus paseos, ha llegado siempre más allá del letrero. Bien es verdad que es joven todavía. Nadie le calcula más de treinta y cinco, y hasta veintiocho le han llegado a calcular.

Hay sillas que nunca cambian de sitio, apenas unos milímetros en las limpiezas de por la mañana, para dejarse quitar un poco de polvo. Son, sobre todo, las de los pasillos. En todos los pasillos, aproximadamente por la mitad, hay una mesita arrimada a la pared, con un florero encima y dos sillas a los lados. Nunca se ha visto a nadie sentado en estas sillas; sería absurdo, violento, desairado. El sentado parecería un mosquetero, una figura de museo de cera. Es poco probable suponer que se haya dado jamás este hecho desde que el hotel existe.

Los sillones de mimbre son los que tienen más trajín por lo ligeros y manejables. Siempre andan en brazos de los botones, de la sombra al sol, del sol a la sombra; son requeridos en todas las tertulias; arrastrados por su mismo ocupante en cuclillas. Y cuando alguien se levanta por poquito rato, deja encima del asiento el periódico o un ovillo de lana para marcar el sitio y que no se lo quiten. Cuando llueve, alguna tarde de esas que ha habido

lluvia violenta, los meten en volandas, como a deli-
cadísimos enfermos, y allí se quedan los sillones de
paja, alineados a la puerta del vestíbulo, llenos de
escalofrío, salpicados de gotas redonditas, mirando al cielo encapotado desde dentro.

En tales tardes de lluvia es cuando más se juega,
y salen a relucir los echarpes de lana morada de las
señoras. Todos irrumpen bulliciosamente en el salón para coger buena mesa, y las moscas se meten
también a lo calentito y se posan reiteradamente en
las barajas. El salón cobra una animación inusita-
da en estos días de lluvia.

Porque el salón está casi siempre vacío. Nadie se
detiene allí. Alguna vez lo atraviesan los agüistas
cuando están buscándose unos a otros; y pasan
despacio, mirando a todos lados, como si tuvieran
miedo de manchar o romper alguna cosa. Entran
por una puerta y salen por la otra y, después que
han salido, las dos puertas quedan meciéndose, y
se oyen alejarse los pasos más firmes y apresura-
dos, más desdolidos, afuera, por la luz. Porque el
salón está casi siempre en penumbra y da mucho
respeto. Huele a antiguo y a humedad. Si uno entra solo a media siesta en el salón cerrado tiene la
impresión de que ha entrado a interrumpir una
fiesta lenta, lejana e invisible. Se nota uno despla-
zado y extraño, encogido allí dentro de los espejos
de las paredes, con un fondo de sillas modositas,
tan pegadas unas a otras debajo de su funda azul
como muchachas tímidas y emocionadas que mira-

sen al suelo, escuchando la música del piano y pensando que algún joven va a venir a sacarlas a bailar. Y la habitación crece y se le hace a uno enorme, y por todo el parquet encerado giran, en remolino, las parejas de antaño bailando el vals.

Los días de lluvia, en cambio, las sillas son despegadas sin miramientos de la pared y arrimadas a las mesas de juego. Se abren bien las contraventanas y se encienden todas las luces. Al salón lo sacuden de su siesta y se puebla de humo de tabaco y de voces presentes, se ventila de recuerdos.

En estas tardes de lluvia, más de una señora se termina su labor de ganchillo. Desde que se levanta, mira por la ventana y le ve la cara al día, se hace a sí misma la solemne promesa: «Hoy voy a aprovechar para darle un empujón al ganchillo.» A lo mejor, la noche anterior se quedó en la vuelta diecisiete, y cuando acaba la tarde del día lluvioso le faltan sólo ocho para el remate. Se lo comunica a todas las demás señoras y las otras se acercan y soban la labor casi acabada, la estiran como chicle entre sus dedos pulcros y expertos para admirar el dibujo finísimo de estrellitas o de espirales.

También es muy frecuente en estos días de lluvia que, de pronto, se pare un automóvil a la puerta del hotel. El chófer abre las portezuelas, mientras cientos de ojos curiosos acechan desde todas las ventanas. Del automóvil se baja alguien, una familia desconocida. Hay una pausa en las lecturas, en los juegos, en las labores. ¿Quiénes podrán ser?

Pero, de pronto, una señora de las que estaban a nuestro lado en la mesa se levanta excitadísima, abandona las cartas de cualquier manera y sale tropezando con la silla. Se abalanza sobre los viajeros como si tuviera miedo de que se fueran a marchar al no encontrarla en seguida, y los abraza con exageradas muestras de afecto. Los ojos se han quedado clavados en la escena. La señora se siente heroína. Habla y se ríe muy fuerte y sabe la expectación que ha despertado a sus espaldas. Habla de tú con los que han llegado, un tú insolente y agresivo, como si quisiera reconcentrar en él la esencia de la familiaridad, la mayor prueba de confianza que nadie pudiera tener con nadie.

—¡Qué alegría, qué sorpresa! Comeréis aquí conmigo, por supuesto. Pero venid a mi habitación; os querréis lavar, descansar un poco.

Tira de ellos, los va llevando por sus dominios como una reina. Los visitantes pasan, arrastrados hacia el ascensor, del brazo de la afortunada. No mira a nadie, no saluda a nadie. Habla en voz alta para que la oigan bien todos; está actuando para sus compañeros del balneario, y el saber que ellos están ahí detrás, y que han hecho un silencio, y que la van siguiendo con los ojos, es lo que le da precisamente esta satisfacción y esta euforia. Pero no mira a nadie, no vuelve a hablar con nadie hasta la noche, cuando sus amigos se han marchado. Se escurre furtivamente a la cocina y manda adornar la mesa del comedor con caminos de flores y poner

83

entremeses o algún plato especial. Y después de comer les enseña el parque de atrás, solitario y llovido, y el manantial de las aguas medicinales, con la Virgen de Lourdes encima, saliendo de una gruta feísima. Y después de comer forman entre ellos solos una partida de pinacle. Pero no los presenta a nadie; ella sola los disfruta celosamente, y a aquella mesa nadie se acerca; apenas se atreven a echar miradas de reojo. Solamente cuando se han ido vuelve al corro de las señoras y les explica que eran como hermanos, que para ella son como hermanos.

Estos visitantes suelen estar tomando las aguas en otro balneario cercano y aprovechan estos días lluviosos para cumplir la promesa hecha a su paisana de que la iban a visitar.

Cuando deja de llover antes de la noche, las tardes, recién puesto el sol, se quedan melancólicas y despejadas, y es mayor el silencio de los montes. Se oyen las voces de alguno que trepa, allí lejos, a buscar manzanas, y se tiende sobre la tertulia de sillones de mimbre, vueltos a sacar al paseo, un cielo como de perla, como de agua, con algún pájaro perdido muy alto, un pájaro olvidadizo y solo que parece el primero del mundo.

Las mañanas de calor es bueno irlas a pasar a la sombra en el parque de atrás, cerca de la cascada. El parque tiene al fondo una baranda de piedra que lo remata, como un mirador sobre el río ensanchado. Desde allí se ve un paisaje verde y tranquilo, y es dulce escuchar el sonido del agua, que se vuelve muy blanca al caer por el pequeño desnivel. Al pie de la cascada hay un molino viejo derruido. El médico del año pasado, que era muy bromista, contaba cosas de ese molino, leyendas de aparecidos y fantasmas para asustar a las señoras. Pero ya se sabe que esas cosas son mentira; ellas le llamaban mal cristiano, por creer en agüeros y supersticiones.

El parque tiene bancos de piedra y está repleto de flores opulentas y pomposas, de flores sin perfume que parecen cogollos de berza y que, al ser arrancadas, rezuman de sus tallos un zumillo lechoso que se pega a los dedos. En las vísperas de las fiestas solemnes se recogen en gran profusión para adornar los floreros del altar de la iglesia.

En este parque de atrás hay mucha mezcla; se topa uno con los agüistas modestos, que viven en los hoteles y pensiones de la otra orilla del río, y que vienen por la mañana a tomar sus vasos de agua al manantial. Son comerciantes pobres de provincias, gentes delgadas vestidas de luto. Pasean, toman el sol y forman sus pequeñas tertulias en voz baja. Muchas veces se les ve leyéndose unos a otros las cartas de los hijos, que han quedado al frente del pequeño negocio, y les escriben que todo marcha perfectamente, que gocen sin preocupaciones del veraneo.

Desde ese parque, y también desde el paseo de delante, se ve, a un nivel más alto, en la orilla de enfrente, la cinta blanca de la carretera, que separa la montaña del río. La señorita Matilde la está viendo ahora desde su ventana. Por esta carretera pasan los días de fiesta rojos autobuses repletos de excursionistas bullangueros que se amontonan encima del techo y asoman las cabezas por las ventanillas. Cabezas despeinadas de muchachas con las mejillas rojas de alegría. Cabezas que se apoyan en el brazo arremangado de un compañero. Desde la carretera miran las fachadas blancas y lisas del balneario y divisan, junto a la puerta, a unas personas sentadas silenciosamente, tomando el sol, leyendo; y la sangre les hierve y no pueden soportar esa quietud. Les compadecen y les gritan adiós con toda la fuerza de sus pulmones, agitando desesperadamente brazos y pañuelos, igual que si quisieran ver agitarse y conmoverse a esas gentes, alcanzadas por la ola de su alegría, arrastradas por ella, o ver desmoronarse los blancos, aplastados edificios. Pero nadie contesta nunca a estos saludos. Sólo algunos señores alzan con estupor la cabeza y miran alejarse el autobús envuelto en polvo, en gritos, en canciones; y antes de que desaparezca en la primera curva lo ven inclinarse peligrosamente hacia el lado de acá, amenazando volcar toda su carga en el río, sin que cesen por eso las risas ni la música del acordeón. Y se estremecen ante tanta sinrazón e insensatez. Luego vuelven a su lectura, y el silencio en torno se les hace aún más grato.

No. Ningún autobús rojo de excursionistas; ningún acontecimiento del mundo exterior, por triste, por alegre que sea, puede turbar la paz de este balneario, su orden, su distribución, su modorra. Aquí se sabe de antemano lo que va a ocurrir cada día, y todos los días ocurre lo mismo; aquí todos descansan confiados en esa certidumbre y se olvidan las emociones y las congojas si es que se sufrió alguna vez.

Y, sin embargo —¡qué cosas pasan en el mundo!—, a pesar de lo defendido que está uno en este lugar; a pesar de lo estable y lo normal que parece todo, también en alguna ocasión, que ni siquiera es importante, incomprensiblemente, sin que se haya podido prever, se efectúan, de pronto, extraordinarias e importantísimas transformaciones en lo más hondo de una persona. Puede volverse todo del revés sin que sepa uno qué mano lo ha tocado; puede cambiar de lado la visión de las cosas cotidianas, aunque esta alteración no dure más que unos instantes; quedar el mundo de antes desenfocado, perdido, y dejarse entrever otro nuevo de intensos y angustiosos acontecimientos. Enturbiarse y conmoverse en sus cimientos todas las garantías de seguridad; perder su vigor las costumbres metódicas y conocidas, volverse totalmente ineficaces.

La señorita Matilde se estremece en su ventana. También a este balneario pueden llegar un día unos dedos desconocidos e invisibles que lo transformen, que lo vacíen de su contenido habitual. Son como ráfagas que pasan una vez, como mensajes indescifrables, como oscuras y fugaces amenazas —o promesas tal vez—. Aunque se disipen igual que las nubes de tormenta, sin llegar a ser lluvia. Aunque no duren más que el tiempo de una siesta.

Esta noche se acostará y se quedará un rato con los ojos abiertos a lo oscuro y tendrá miedo a dormirse, pero se hundirá en el sueño con deleite y ansia, como si bajara, afrontando mil peligros, a las profundidades del mar. Pero —ella bien lo sabe y se lo dice con una incomprensible nostalgia— ya no encontrará nada, no podrá reanudar los sueños de esta tarde. Se ha roto el eslabón.

Y de pronto, Dios mío, ¿por qué siente su vida tan mezquina y vacía, por qué se ve tan sola, tan espantosamente sola?

—Matilde, hija, ¿pero bajas o no?

La cabeza que está encaramada al final del traje gris estampado se agacha, esquivando una rama baja de castaño, y se vuelve hacia la ventana de su amiga.

—Anda, ¡pero si está ahí asomada! ¡Y sin arreglar todavía! Pero, mujer, ¿qué haces? ¿No has oído que te llamamos?

—Ya voy, bajo en seguida. En seguida.

La señorita Matilde se separa de la ventana y entra en el cuarto de baño. Toma una ducha fría, se peina, se pinta los labios, se pone el traje azul marino de seda natural. La señorita Matilde, así, bien arreglada, resulta guapetona. Antes de bajar a reunirse con sus compañeras de julepe se mira por última vez al espejo. La habitación dentro de la luna ha recobrado su aspecto de todos los días. Y ella también. Este vestido no se lo había puesto todavía en esta temporada, y le hace buen tipo. A las de abajo les va a gustar.

Cuelga la bata en el perchero que hay a los pies de la cama. Luego sale del cuarto y cierra la puerta con llave.

Madrid, mayo de 1954.

El balneario fue escrito en 1954 y forma parte de una recopilación que incluye otros 16 relatos y que está publicada en «El Libro de Bolsillo» de Alianza Editorial con el número 704.

Títulos de la colección: